KB162254

여자는 强했고 强하다

이영숙 지음

Women power
in the History

가나북스

여자는
强
했고
强
하다

2016년 07월 25일 초판 발행
지은이 이영숙
펴낸이 배수현
디자인 유재헌
홍 보 배성령
제 작 송재호
펴낸곳 가나북스 www.gnbooks.co.kr
출판등록 제393-2009-12호
전 화 031-408-8811(代)
팩 스 031-501-8811
ISBN 979-11-86562-38-3(03330)

개정판을 내면서

지금 전 세계는 여성들의 위치가 크게 강화되어가고 있음을 볼 수 있다.

세계 제일을 자랑하는 미국이나 영국을 비롯하여 독일이나 이태리 서구 사회의 대부분과 우리 동양에 이르기까지 세계의 모든 나라들에서 여성 지도자를 내세우고 있다는 것은 여성의 입장에서 크게 고무된 일이라고 할 것이다.

그러나 우리가 한 번 더 생각해 보아야 할 것은 그럴수록 더 강한 책임감을 느껴야 한다는 것이다. 우리 여성들은 역사적 사명감을 가지고 확고하게 여성의 지위를 세워야 할 것으로 안다. 이 책에 다뤄진 여성들만 보아도 알 수 있듯이 과거 이 인류의 지구상에서 여성들이 역사를 주도해 왔다고 해도 과언은 아니다.

많은 분들의 응원 속에 '여자는 강했다'의 졸품을 '여자는 강했고 강하다'의 제목으로 개정하여 출간하게 된 것을 감사하게 생각하며 모든 여성들과 함께 이 글을 나누고자 한다.

책머리에 붙이는 말씀

나는 무엇 하나 보여줄 만큼 가치 있는 일을 한 것도 없는 한 여자일 뿐이다. 어렸을 때에는 부모님의 은덕으로 잘 먹고, 잘 입고, 잘 살았고 열심히 배웠다는 것 외엔 내세울 것 없는 내가 이렇게 글을 쓰고 책을 펴낸다는 것은 꿈에도 생각하지 못했던 일이라는 것임을 고백한다.

내가 아닌 다른 여성들, 훌륭하고 똑똑한 여자들, 그리고 참으로 자랑스럽고 존경스러운 여자들이 얼마든지 많이 있었다는 것을 다문다문 역사 속에서 찾아 볼 때에는 눈시울이 젖을 만큼 가슴이 뭉클함을 느꼈다. 그러면서 스스로 많은 자책을 하기도 했다.

역사 속에 비친 위대한 여성들은 비록 치마폭 속에 얼굴을 파묻고 울며 살면서도 그들의 참뜻을 펴기 위하여 남들이 모르는 피눈물을 머금고 열심히 살았고, 죽도록 뛰었다는 것을 알았다.

세상은 결코 남자들만의 세계가 아니라 여자들도 함께 살아가는 세상이라는 것을 알게 되었다. 그리하여 오늘의 지도자로 살아가는 현대여성들과 함께 오늘의 역사를 만들어 주신 앞서가신 존경하는 여성들의 이야기들을 나누고 싶어서 이 글을 썼다.

세계를 지배하는 자는 남자일 찌라도, 그 남자를 지배할 수 있는 사람은 여자라는 자부심을 가지고 이 글을 썼다.

바라는 것이 있다면 이 글을 통해서 더 많은 여성들이 자기 발견과 깨달음이 있었으면 하는 마음 간절하다.

특히, 현대화의 물결 속에 바른 가치관이 무너져가고 있다는 것을 알았다면 이를 바로 세우고 고쳐나갈 사람도 여자라는 것을 절감했다. 여자에게는 "어머니"라는 또 다른 자랑스럽고 아름다운 이름이 붙어 다니니까!

바른 사람, 바른 가정, 바른 사회를 그리면서 이 글을 쓴다.

글 솜씨의 부족과 미흡함을 자인한다. 그러면서도 기어이 이러한 글을 쓰게 된 나의 중심을 알아주실 분들이 계실 것으로 믿는다.

나는 이 글을 쓰게 해 주신 하나님께 감사하고, 나의 나 된 것을 또한 감사한다. 모든 분들 위에 하나님의 은혜가 넘치시길 기원하는 마음으로 펜을 멈춘다.

이영숙 드림

목차

II 세계사를 수놓은 여자들

III 성경에서 만난 여자들

Ⅰ

한국사를
통해서 본
여자들

우리 한국의 여성女性들에 대한 잘못된 편견偏見과 차별 사상은 아직도 구석구석에 스며들어 있어서 지금까지 깨끗이 씻어내지 못하고 있다. 그러나 또 한편으로는 너무도 급진적인 사회 변화로 인한 여성들의 등쌀은 이맛살을 찌푸리게 하는 경우가 없지 않다는 것도 인정한다.

그러므로 이에 대한 시비를 하려는 것이 아니라, 우리나라 역사歷史 속에 아직도 살아서 우리에게 전해지는 여성들의 이야기를 모아 한번쯤 생각해 볼 필요가 있다고 본다.

여자로 태어났으니 결혼을 하여 출가出嫁를 해야 하고, 그 다음에는 시댁이라는 울타리 안에 갇혀 살면서 시부모를 봉양하고, 자녀를 낳아서 가문의 대를 잇게 하고, 남편의 뒷바라지를 하고, 밤새도록 길쌈을 하며 살다가 죽어가는 것이 여자의 운명이라는 말은 잘못된 것이다. 이러한 이야기들을 다 하려면 끝이 없을 것이다.

다만 흘러간 우리의 역사 속에 살아 있는 여자들의 이야기를 해보려 한다. 보는 이들에 따라서 다르게 여겨질 수 있다는 것은 알지만, 내 가슴을 뭉클하게 흔들어서 일깨워주신 분들의 이야기를 몇 가지만이라도 소개하고 싶다.

　지금까지 우리 여성들이 너무 갇혀서 살았다고 한다면 지금은 좀 지나치다는 것도 부인할 수 없는 사실이다. 그러나 아직도 우리 여자들의 지위는 완전히 회복되지 못하고 있다. 아직도 구석구석에서 차별대우를 받고 있다. 그러므로 편견과 차별 없이 남자와 여자가 동 등한 여성의 상像을 그리면서 역사 속의 여성상을 찾아보려고 한다.

　거듭 말하거니와, 같은 사건, 같은 인물에 대해서도 보는 이에 따라서 견해의 차이가 있고, 각도가 다르다는 것도 알고 있다. 그러므로 내가 보는 각도와 소견을 담아서 함께 토론을 해보고 싶다는 마음으로 펜을 들었을 뿐이다.

　여자도 남자와 똑같은 사람이요, 이성을 기진 인격체로서 동등한 대접을 받아야 한다는 것을 말하고 싶었다. 아니, 남자들이 보기에는 여자들이 항상 약한것 같이 보이지만 사실은 남자보다 여자가 더 강強하다는 말을 하고 싶었다.

01
평강공주와 바보 온달

 우리들의 귀에 거짓말 같은 이야기로 전해져 온 평강공주平岡
公主와 바보 온달의 이야기는 현대 여성들에게 너무도 감동적이
고, 참 된 여성상女性像을 잘 보여 주고 있다.

 전해져 오는 이야기로 볼 때에는 너무도 거짓말 같으나, 평강
공주 라는 인물이 고구려 제25대 평강왕平岡王의 딸이었고, 제26
대 영양 왕?陽王의 누이였으니, 이는 너무도 정확한 역사적인 사
건의 이야기요, 인물의 이야기라는 것을 먼저 말해 둔다.

 물론 이야기의 내용으로 볼 때에는 우화寓話나 소설小說과도 같
지만 역시 이것이 역사적인 사실인데 어찌하랴! 다만 우리는 이
이야기를 통해서 무엇을 배워야 할 것인가 하는 것으로 만족해
야 할 것이다.

고구려의 사회 풍속

　평강공주가 평강왕의 딸로 태어나서 자라던 시절의 고구려 사회의 풍속은 매우 자유自由롭고 낭만적浪漫的이었다. 남녀의 차별이 없었고, 기회만 있으면 길거리나 들판의 잔디 위에 젊은 남녀들이 모여 얽혀서 같이 춤을 추고 노래를 부르는 일들이 자주 있었다.

　그리고 매년 봄철을 당하여 3월 3일이면 백성들이 한자리에 모여서 장기 자랑을 하고, 널뛰기 놀이와 줄다리기 놀이를 한 다음에는 천제天祭를 드리는 제례행사祭禮行事가 진행되었으므로 이 때에는 임금님도 그의 신하들과 함께 나와서 백성들과 함께 즐기고, 음식을 나누어 먹으면서 행사에 참여하는 풍속이 있었다.

　그러므로 임금이 계시는 왕실과 백성들 사이에 대화가 잘 이루어졌고, 관민官民의 사이가 더 가까워졌고, 소식의 교환이 잘 이루어졌다.

　평강공주와 바보 온달의 이야기노 이 시내의 역사직인 배경과 풍속에 대한 것을 잘 이해하고 들여다보면 더 쉬울 것이다.

울보 평강공주와 바보 온달

　평강공주는 평강왕의 첫째 딸로 태어났다. 그런데 아름답고 예쁘게 생긴 평강공주는 아주 어렸을 때부터 철이 들기까지 많이 울었다고 전해진다. 그래서 그의 아버지 평강왕은 다른 사람들이 지켜보는 가운데 공주에게 "이 놈은 다음에 바보 온달에게 시집보내야 한다." 라는 말을 자주 했다.

평강공주가 아주 어렸을 때는 그 말의 참뜻을 잘 알지 못했으나, 공주의 나이가 다섯 살이 넘어서부터는 혼자서 '바보 온달'이라는 사람을 자기의 가슴 속에 품고 살았다. 바보 온달이라는 말은 들었으나, 대관절 어떻게 생긴 사람인지 궁금하기도 하려니와, 어쩐지 바보 온달에 대한 마음이 그녀의 가슴을 짓누르고 있었다.

그녀의 가슴 속에 새겨져 있는 '바보 온달'에 대한 마음은 키가 자라고 가슴이 부풀어 오를수록 더 뜨거워졌다. 그리하여 그녀는 그의 시녀들과 함께 변장變裝을 하고 자주 궁宮 밖 나들이를 하면서 언젠가는 바보 온달을 꼭 만나야 할 것이라고 마음을 굳히며 그를 연모戀慕하는 마음을 혼자서 키워 갔다.

그러던 어느 날, 변장을 하고 민속民俗놀이 구경 길에 나섰던 16세의 평강공주는 정면 담장 밑에서 그녀의 눈을 끄는 한 젊은 총각의 모습을 발견했다. 키는 장대하고 골격은 뛰어나와서 남자다움의 기상이 풍겨 났는데, 그가 입은 옷이나 차림새는 너무도 가난기가 역력해 보였다.

그리하여 평강공주는 행여나 하고, 그의 곁으로 다가가고 있을 때 어떤 청년들이 모여서 하는 말이, "저렇게 키도 크고 몸은 좋은데, 가난하고 못 배웠으니까 '바보 온달'이라는 말을 듣고 살지."라고 하는 것이 아닌가.

평강공주는 소스라치게 놀랐다. 그러나 그를 호위했던 시녀들은 공주의 이러한 뜻을 잘 알지는 못했으나 어딘가 범상치 않다는 것을 느낄 정도였다. 공주는 온달의 뒤를 쫓아 그가 가는 곳으로 따라갔다. 그는 아주 초라한 초막집 문 안으로 들어서면서, "어머니, 다녀왔습니다. 시장하실 텐데 저녁상을 차려 드리겠습니다."라고 했다. 그때 "아 니, 벌써 왔느냐?"라고 하면서 방문을 열고 손을 더듬는 것으로 보아서 그의 어머니는 앞을 보지 못하는 소경인 것이 분명했다.

순간적으로 들려오는 온달과 그의 어머니 사이에 오고 가는 한마디의 대화 속에 얽힌 효심孝心과 모성애母性愛는 공주의 가슴을 뭉클하게 했다. 궁으로 돌아온 평강공주는 그날부터 벙어리 냉가슴 앓듯이 '바보 온달'에 대한 생각으로 가득 차 있었다. 그럴수록 궁중 생활의 속박감과 바깥세상의 자유로움에 대한 그리움이 공주의 가슴을 설레게 했다.

어느 날 평강왕은 공주를 불러 앉히고 그녀에게 당부했다.

"이제 너의 나이도 열여섯이 되었으니, 내가 너를 박 대감의 아들과 성혼케 하려고 하니, 각별히 몸을 단정히 하고 마음의 준비를 하거라."

공주는 청천벽력과도 같은 아버지의 가을 서리 같은 명령에 소스라칠 정도였다. 그런데 준비라도 하고 있었다는 듯이 공주는 서슴없이 입을 열어, "아바마마, 언제는 바보 온달에게 시집보낸다고 하셨던 아바마마께서 이 딸을 박 대감의 아들과 결혼을 해야 한다고 하십니까?"라고 말했다.

평강왕은 생각지도 못한 딸의 말에 당황했으나, 일부러 시치미를 떼고 다시 하는 말이, "네가 어렸을 때 너무도 잘 울기 때문에 달래는 말이었는데 너는 그 말을 지금까지 기억하고 있느냐?"라고 했다.

"아바마마, 한낱 필부匹夫의 말도 중하거니와, 일국의 군왕으로서 하신 말씀이 어찌 더 중하지 않겠습니까? 그리하여 소녀는 아바마마의 말씀을 한시도 잊지 않고 가슴속에 새기고 살았습니다."

"아, 세상에 이럴 수가…!"

평강왕은 더 이상 말이 없이 자리를 박차고 나가 버렸으나, 공주는 그날로부터 은근히 궁중을 벗어날 기회를 노리고 있었다.

궁궐이라는 담장 안에 갇혀서 온갖 속박과 거짓에 눌려 사는 것보다 차라리 궁을 벗어나서 바보 온달과 결혼을 하여 농사도 짓고 자유롭게 살아가면서, 평소에 동생과 함께 익혀 왔던 활쏘기와 말타기를 온달에게 가르치고, 함께 가정家庭을 이루어서 아들딸을 낳아서 기르고 거짓이 없는 땅을 일구기만 한다면 얼마나 행복할 것인가 생각하면서 궁에서 벗어날 기회를 노리고 있었다.

그러던 어느 날, 달밤의 궁 밖에서는 청년 남녀들이 얽혀서 춤을 추고 노래를 부르면서 달밤의 놀이를 즐기고 있었다.

바로 이때를 놓칠세라 공주는 시녀들을 돌려보내고 자기의 침실로 들어가서 미리 준비해 둔 자기의 보석과 장신구들을 챙겨서 보자기에 싼 다음, 변장을 하고 궁을 빠져 나와 그 길로 온달이 집으로 달려갔다.

"실례합니다. 주인어른 계십니까?"

"이 밤중에 뉘시기에…아니, 젊은 아가씨가 어떻게…?"

일단 방문을 열기는 했으나 온달 모자는 웬 귀한 집의 규수가 자기 집으로 찾아왔으니 놀랄 수밖에 없었다.

"실례인줄은 압니다만 부모 없이 떠도는 신세가 된 몸이니 하룻밤 쉬어 갈 수 없겠습니까?"

"아이고, 어쩐다. 보시다시피 단칸방에 앞 못 보는 모자가 얽혀 사는 추한 곳에서 어떻게…."라고 말하며 더 이상 말을 잇지 못했다.

공주는 들어오라는 집주인의 승낙도 없이 방 안으로 들어섰다.

"추하면 어떻습니까? 소녀는 한편에 끼어서 이 밤을 쉬어갈 수만 있으면 되었습니다."

이렇게 만난 평강공주와 온달은 앞을 못 보는 홀어머니와 함께 밤새 이야기를 나누었다.

"그런데 규수께서는 어느 대감의 따님이신데, 무슨 일이 있어서 이 렇게 나와 계신 것입니까?"

"저더러 대감집의 딸이라니요. 갑자기 부모님을 여의고 오갈 데 없이 떠도는 신세가 되어서 정처 없이 길을 가다가 우연히 찾아와서 신세를 지게 되었는걸요."

"그럼, 날이 새면 어디로 가실 것인지요?"

"정처 없이 떠도는 신세인데 어디로 가다니요?"

"세상에 이럴 수가 있나? 집은 비록 누추하고 잠자리 또한 불편하시겠지만 괜찮다면 갈 곳이 정해질 때까지만이라도 부담

없이 편히 쉬어가도록 하세요."

"그런데 주인께서는 다른 가족들 없이 이렇게 모자만 살아가십니까?"

"그렇다오. 팔자가 사나워서 앞도 보지 못한 주제에 남편은 일찍이 저세상으로 가 버렸고, 외동아들 하나만을 데리고 이렇게 살아가기는 하는데, 저 아들을 볼 때마다 남들처럼 가르치지도 못했고, 그나마 살림까지 어려운 처지라, 제대로 먹이지도 못해서 항상 어미로서 부끄럽고 미안한 마음 뿐이랍니다."

이 말을 듣고 있던 평강공주는 바로 이때다 생각하고, 자기가 준비 해 온 궁중 보화寶貨들을 내밀면서 말했다.

"어떻습니까? 부끄러운 말씀입니다만 마음에 드신다면, 제가 어머니의 며느리가 되고 싶으니 저를 받아 주셨으면 합니다."

"아니, 무슨 가당치 않은 말씀입니까? 명문가名文家의 규수 같은데 이런 초라한 집에서 배우지도 못했고, 가난하여 그날그날 하루 세끼의 요기조차 어려운 처시인데…!"

"그런 것은 아무 염려하지 마십시오. 우선 제가 가지고 온 것을 팔아서 새 집을 마련하고, 세간 살림을 들여놓고, 아드님도 열심히 글공부를 하면 되지 않겠습니까?"

"세상에, 이것이 꿈이냐 생시냐…?"

온달의 어머니는 더 이상 말을 하지 못하고 공주의 뜻을 따르기로 했다. 온달은 그저 어리벙벙하게 앉아서 듣기만 했으나, 그토록 아름다운 처녀가 자기의 아내가 되겠다고 하니, 그저 놀라울 뿐이었다.

그리하여 이들은 더 이상 지체하지 않고 그날 밤으로 앞 못 보는 어머니의 입회 아래 찬 물 한 그릇을 떠서 상 위에 올려놓고 혼인 예식을 행한 다음, 새 가정을 이루게 되었다. 공주는 처음부터 계획적이었으나, 온달과 그의 어머니는 현실이 아닌 꿈을 꾸는 것 같아서 어리둥절할 뿐이었다. 공주가 끝까지 자기의 신분을 감추고 결혼 예식부터 서둘렀으니 말이다.

물론 공주라는 것을 숨기고 형편이 어려운 규수라고는 했으나 그래도 뜻하지 않게 결혼을 하고, 가정을 꾸려서 새로 집을 마련하고, 전 답田畓을 마련한 온달 모자는 며느리가 하는 일들을 지켜만 볼 뿐 입 한번 열지 못하고 계속해서 어리둥절 놀라기만 했다. 그러나 이는 분명히 꿈이 아닌 현실이었다.

바보 온달의 변신 훈련

평강공주는 바보 온달과 결혼하여 새롭게 가정을 일구면서부터 억지로 남편 온달을 졸라서 낮에는 활 쏘는 일과 말 달리는 일, 밤에는 글공부를 시키기 시작했다.

남편이 된 온달은 처음에는 너무도 꿈과 같은 현실에서 깨어나지 못하고 어리둥절한 나머지 공주의 말에 따르지 않으려고 했으나, 공주의 말이 너무도 진실하고 간곡하므로 자기의 고집을 꺾고 그녀의 말대로 활을 쏘고 , 말을 달리며 공부하는 일에 최선을 다했다. 물론 온달을 가르치는 일은 공주가 궁중에서 익힌 자기의 경험을 가지고 직접 맡아 가르쳤다. 공주의 가르침과 함께 온달은 활을 쏘고, 말을 달리고, 글공부를 해 나갔다.

　"여보, 사나이 대장부로 태어나서 다른 사람들이 하는 일을 왜 당신인들 못해야 합니까?"

　"그런데 나는 처음부터 아는 것도 없고, 배운 것도 없고, 또 내가 지금 배워서 어디에다 써먹습니까?"

　"그런 말씀 마세요. 다른 사람들도 태어날 때부터 알고 나온 것이 아니고, 배워서 나온 것이 아니라, 밤낮을 쉬지 않고 열심히 배워서 알았고, 할 수 있게 된 것이 아닙니까?"

　"그렇지민 내기 지금부터 배워서 써먹을 것도 없잖아요. 알아주는 사람도 없고."

　"여보, 그런 말씀하지 마세요. 당신이 배우고 익혀서 쓸모 있는 사람이 되기만 하면 우선 당신을 나라에서 부를 것입니다."

　"세상에, 나더러 모두가 '바보 온달'이라고 하는데, 나라에서 부르다니요? 그것이 될 말입니까?"

"결코 그렇지 않습니다. 당신이 갖추기만 하면 기회는 얼마든지 옵니다. 나라에서 당신을 찾고 부를 때가 있을 것이니 그때까지는 배우는 일을 게을리 하면 안 됩니다."

"세상에, 일이 어떻게 되는 것인지 도무지 나로서는 알 수가 없군요."

후주의 침공을 막아낸 온달 장군의 최후

온달의 활쏘기와, 말 달리기, 글재주가 아내인 평강공주의 한계를 능가하게 되면서 온달에 대한 소문은 순식간에 전국에 퍼지게 되었다. 그리하여 평강공주는 자기의 남편 온달을 특별 강습소에 보내서 훈련을 쌓게 하였고, 곧 온달은 온 나라에서 그를 능히 당할 수 있는 상대가 없을 정도로 국보적國寶的인 명궁名弓이요, 기사騎士로 올라서게 되었다. 그리고 시기를 잡아 평강공주는 자기의 신분을 밝히고, 황실과의 교류를 가지게 되었다.

그러한 결과, 온달은 황실의 부름을 받고 나라를 위해서 장군將軍으로서 충성을 바쳐야 할 기회를 맞게 되었다.

6세기 평강왕의 말기에 후주後周군군軍이 고구려를 침략하게 되었을 때에 온달 장군이 이끈 군사들과, 평강왕이 직접 이끈 군대가 함께 나가서 적군의 침략을 막고 승전하면서 온달 장군의 명성은 또 한 번 순식간에 전국을 뒤흔들게 되었다.

그 후, 평강왕이 서거하고 뒤를 이어서 평강공주의 친동생이요, 평강왕의 왕자가 즉위하여 영양왕으로 승계하게 되었다.

영양왕은 신라에게 빼앗겼던 한북 땅을 수복하고자 온달 장군에게 고구려군의 지휘권을 맡겼다. 그리하여 온달 장군은 "싸움에 이기지 못하면 죽어서도 돌아가지 않을 것이다."라는 비장한 말을 남기고 경기도 광주군에 있는 아차산성蛾嵯山城에서 싸우다가 순간적으로 날아오는 적군의 화살에 맞아서 전사戰死했다.

고구려 왕실과 그의 부하들은 온달 장군의 시신을 수습하여 운구運柩를 하려고 했으나 장군의 시신이 땅에서 떨어지지 않았다.

그 사실을 전해들은 아내 평강공주는 달려와서 남편 온달의 시신을 끌어안고, "여보, 이미 생사生死가 결정되었으니 더 이상 버티지 말고 나와 함께 돌아갑시다."라고 했더니 그제야 시신이 땅에서 떨어져서 운구하게 되었다는 말이 전해지고 있다.

강한 여자, 평강공주와 그의 남편, 바보 온달은 이렇게 아름다운 이야기를 우리에게 남겨 두고 갔다. 여자도 강彊한 존재라는 것을.

02
신라의 여걸, 선덕여왕

'선덕여왕善德女王' 하면, 우선 마음에 친숙하게 다가와서 우리의 마음을 흐뭇하게 해주고, 자랑스러움과 평안함을 느끼게 하는 것만은 사실이다.

물론 선덕여왕이라는 인물에 대해 사극史劇이나 드라마, 전설傳說을 통해서 상식적으로는 잘 알고 있는 것 같으면서도 구체적으로는 잘 모르고 있을 것이다. 그렇다고 해서 오랜 옛날 17세기에 살았던 인물을 두고 어느 누가 가장 정확하게 정의할 수는 없을 것이다. 그러므로 나는 선덕여왕이라는 자연스러운 여걸女傑로서의 인물됨과, 그녀의 혜안慧眼으로 밝고 총명했던 생애와, 그리고 여왕으로서의 선정善政과 인재 등용의 지혜 등과 함께 그 치적治績에 대한 이야기들을 골라서 나름대로 정리를 해 보려 한다.

선덕여왕은 단순히 신라라는 한정된 역사 속 시대의 한 여류 인물이 아닌 우리의 역사에서 가장 자랑스럽고 존경스럽고, 여자로서의 강성强性을 그대로 보여준 여걸이었는지도 모른다.

특히 우리나라에서 갖는 여성으로서의 위상과, 남자가 아닌 여자도 할 수 있다는 가능성에 대해 남자들의 편견을 누르고 앞질러 갔던 선각자先覺者로서 자랑스러운 여걸이었다.

자연인으로서의 선덕여왕

선덕여왕은 신라新羅 제26대 진평왕眞平王의 장녀로 태어나서, 남자 아닌 여자로서 제27대 왕으로 등극했던 인물이다. 우리나라 5천 년사를 통해서 여자女子가 군왕君王으로 즉위하여 나라를 다스렸다는 기록의 첫 번째 여왕女王인 것이다.

특히 주목할 부분은 그녀의 통치 철학과 역사적인 기여도가 어느 남자 군왕에 비교되지 않을 만큼 뛰어났기 때문에 후일에 그녀에 대한 칭호를 '선덕여왕善德女王'이라고 붙이게 되었다는 점이다.

여성으로서의 그녀의 인물됨은 우리 한국 여성들의 귀감龜鑑이 되었고, 그녀의 정치적인 경륜은 어느 누가 흉내를 내기도 어려울 정도 로 훌륭했으며 삼국 통일의 기반을 다지게 해 주는 등 그녀의 능력은 두고두고 우리 여성들의 자랑이요, 보람이라고 믿는다.

물론 신라의 역사를 통해서 보면 선덕여왕 외에, 진덕여왕眞德女王과 진성여왕眞聖女王 등 세 사람의 여왕이 있었던 것만은 사실이나, 선덕여왕의 뒤에 등장한 다른 두 여왕들은 다분히 선덕여왕의 효시嚆矢를 타고 난 덕을 입게 되었다고 해도 될 것이다.

선덕여왕은 진평왕의 첫 딸인 공주로 태어나서 어렸을때부터 왕실 교육을 받았다. 항상 시녀들의 둘레 속에 틀어박혀서 살았다는 것은 어느 공주들이나 같았을 것이다. 그런데도 유독 선덕여왕은 어렸을 때부터 그의 천성이 어질고 후덕厚德해서 인애仁愛로운 여왕으로서의 자질資質과 재덕才德이 고루 풍겨 났다는 것을 미루어 짐작케 한다.

여자라는 약점이 항상 그녀를 짓누르고 있었으나, 그녀는 한 나라의 여왕으로서의 자질을 키워 나가면서 다가오는 자신의 운명에 순응하였다.

어쩌다 우리나라는 남존여비男尊女卑라는 잘못된 사상이 들어와서 한때나마 역사적인 오점을 남겨 놓기도 했다.

우리가 살고 있는 지금까지도 부분적으로는 남녀차등男女差等이라는 현실을 부인하지 못하게 하나, 선덕여왕과 같은 인물의 기록은 차별이 아닌 여성우위女性優位의 실상을 보여 주는 사례로 남았음을 알 수 있다.

군왕을 놀라게 한 공주의 혜안

선덕여왕이 아직 어린 공주로 자라고 있던 어느 날, 진평왕은 멀리 당唐나라에서 보내온 홍색紅色, 자색紫色, 백색白色의 삼색三色으로 그린 모란도牧丹圖 한 폭을 가지고 와서 자랑했다.

모란도의 그림을 본 모든 사람들은 일제히 그러한 그림을 받은 것에 대해 매우 자랑스럽게 생각하고 부러워했다. 그런데 이를 곁에서 가만히 지켜보던 어린 공주가 말하기를, "아바마마, 이 꽃에는 향기가 없겠습니다."라고 했다.

이 말을 들은 진평왕과 주변의 모든 사람들이 의아스러워 하고 있을 때 진평왕이 그 말의 뜻을 물어 보았다.

"아니, 향기가 없는 꽃이라니 그게 무슨 말이냐?"

"아바마마, 보십시오. 이 모란도의 꽃 그림 안에는 벌이나 나비, 곧 봉접蜂蝶이 없는 것으로 보아서 이 꽃에는 향기가 없다는 것을 알 수 있지 않습니까?"

진평왕과 주변 사람들은 전혀 예상하지 못했던 말을 듣고 공주의 혜안에 감탄했다. 그리하여 진평왕은 이 모란도와 함께 받았던 모란牧丹의 꽃씨를 뜰에 심도록 명했다.

그런데 역시 그림과 같이 홍색, 자색, 백색 등 삼색의 예쁜 꽃이 아름답게 피기는 했으나 벌, 나비 한 마리 날아들지 않았으므로, 공주의 말대로 이 모란꽃은 향기가 없다는 것을 알게 되었다.

이는 단순한 하나의 이야기에 불과하다. 그러나 그녀가 말한 말의 뜻은 참으로 의미심장하다. '벌이나 나비의 매개媒介를 통해서 열매를 맺지 못하는 나무의 열매는 바람의 매개로 수정受精되어 열매를 맺게 된다' 는 『종의 기원 On the Origin of Species』의 내용을 저자인 세계적인 진화론자進化論者 찰스 로버트 다윈(Charles Robert Darwin: 1809-1882) 보다 무려 12세기에 앞서서 선덕여왕이 어린 공주로 있을 때 이미 발표한 것이다. 이러한 점을 미루어 생각하면, 선덕여왕의 혜안과 선견 지명先見之明이야말로 세계적이었다는 것을 알 수 있다.

또 하나, 선덕여왕의 이야기를 할 때 빼놓을 수 없는 것은 싸움터에 나가서 적군敵軍의 매복을 정찰하는 순찰병들에게 선덕여왕이 들려준 것으로 전해지고 있는 이야기의 한 토막이다. 선덕여왕은 순찰병들에게 적진을 정찰하러 나갔을 때 개구리 떼의 울음소리를 통해서 근처에 적군이 매복하고 있는가의 여부를 알아차려야 한다고 넌지시 말했다고 한다.

즉, 적군들이 가까이에 매복하고 있으면 개구리 떼의 울음소리가 없을 것이고, 개구리 떼가 마음 놓고 지절거려대면 그 근처에는 적군의 매복이 없다는 것을 깨달아야 한다는 말이었다.

이러한 이야기는 기본적인 상식인 것 같으면서도 쉽게 떠올릴 수 있는 것이 아니었기에 공주의 혜안이 신라가 삼국 통일을 하는 데 결정적인 전략戰略의 수단이 되었다는 것을 보여 주는 유명한 전설 중의 하나이다.

여왕으로의 군림

진평왕이 서거逝去하게 되자 다음 왕위王位에 오를 적자嫡子가 없었다. 그리하여 신라의 조정에서는 여러 가지로 중론을 모아 보았으나, 여자인 공주를 왕으로 승계시킬 수밖에 없다는 결론에 이르게 되었다. 그것은 여자가 왕이 된 일이 한 번도 없었다는 과거의 관행과 더불어 여자로서의 약점이 있기는 했으나, 공주가 어렸을 때부터 남다르게 두뇌가 총명하였다는 것과, 후덕한 인품으로 왕으로서 손색遜色이 없는 위인이라는 것에 아무도 이의를 제기할 수 없었다. 그리하여 우리나라 역사상 처음으로 아직 미혼인 처녀의 몸으로 왕위에 오르게 되었다.

그녀가 왕위에 오른 다음부터 베푸는 선정은 선왕이었던 진평왕의 통치를 훨씬 능가하면서 곧 조정 신하들의 존경과 백성들의 신임을 얻게 되었다. 선덕여왕은 왕위에 오르자마자 우선

어진 신하들에게 정사政事를 맡기고, 왕명으로 죄수들에게 감옥 문을 열고 대사면大赦免을 베풀었으며, 백성들에게는 감세조치를 시행했고, 자신은 나을신궁奈乙神宮을 찾아서 천제天祭를 지내는 등 백성들의 가슴 속으로 파고드는 일부터 시작하여 선정후덕善政厚德의 여왕으로서 자리를 굳혀 갔다.

선덕여왕과 당 태종 이세민

신라에서 진평왕의 딸인 공주가 여왕으로 즉위하게 되었다는 소식을 전해 들은 이웃 나라 고구려나 백제에서는 서로가 비웃고 재침再侵의 기회를 노리고자 술렁대기 시작했다.

그리하여 고구려와 백제에서는 자주 신라의 국경 변방을 침입하여 신라를 괴롭히려 했기 때문에 선덕여왕으로서는 멀리 당 태종 이세민李世民에게 원병을 요청하게 되었고, 당 태종 또한 이를 기회로 고구려와 백제에까지 자기의 세력을 확대시켜 보려는 야심이 일어나게 되었다.

선덕여왕의 외교술은 643년경, 그녀가 당 태종에게 보낸 원병 지원 사신을 파견하는 데서부터 드러나기 시작한다. 선덕여왕은 사신使臣들을 당 태종에게 특사로 보내면서, 원병을 보내서 나라를 구해 달라고 요청을 하게 되었는데, 이에 당 태종은 자기의 음흉한 계략을 내세우며 다음과 같은 세 가지 말을 전했다.

첫째는, 자기가 직접 당나라군을 이끌고 참전하기에는 거리가 너무 멀기 때문에, 그 대신 신라와 가까운 주변에 있는 글안군契鞋軍과 말갈군靺鞨軍을 내어 주면 어떠하냐는 것이었고 두 번째는, 당 태종의 군사들이 상비군을 편성하여 계속해서 신라에 주둔하면 될 것이라는 것, 세 번째로는 신라가 여왕을 세웠기 때문에 이웃 고구려나 백제가 비웃고 얕잡아 보고 있으니 당나라 왕자 한 사람을 보내서 신라의 왕으로 삼고, 그 왕을 보호하기 위하여 상승군常勝軍을 신라에 배치해 두면 될 것이라는 내용이었다.

선덕여왕은 당 태종의 음흉한 야심을 꿰뚫어 읽고 있었다. 그리하여 신라군의 개편과 훌륭한 인재人才를 찾아서 스스로 국력國力을 길러야겠다는 생각으로 발탁한 인물이 바로 그 유명한 김유신金庾信과 김춘추金春秋라는 용맹한 청년 장군들이었다.

그러나 이들은 화랑도花郞道의 정신으로 똘똘 뭉쳐 있기는 하나 출신 성분이 전혀 달랐기 때문에 언제든지 적敵으로 돌변하여 또 다른 싸움을 일으킬 수 있다는 점에서 위험하기도 했다. 즉, 김유신은 가야 국伽倻國의 후예였고, 김춘추는 신라국의 왕족이었던 것이다.

하지만 지혜로운 선덕여왕은 김유신의 여동생 문희文姬를 김춘추의 아내로 맞이하게 하여 인척姻戚을 삼게 함으로써 이러한 문제를 해결하게 된다.

그리고 우선적으로 당 태종의 지원병을 받아들이게 되는데, 역사를 통해 알 수 있듯이 당 태종 이세민은 직접 당나라의 대군을 이끌고 요동반도 안시성에 출병出兵했다가 양만춘楊萬春이 이끈 고구려군에 의해 눈을 잃고 패주하게 된다.

물론 그 당시에 고구려라는 나라는 감히 당나라와 맞서서 싸울 수 있는 형편이 아니었으나, 조정을 감싸고 있는 연개소문淵蓋蘇文 장군과는 달리, 안시성을 지키고 있던 양만춘 장군은 국가관이 투철하고 다른 정치적인 야심이 없었으므로 당나라 태종이 양만춘의 군을 당해 내지 못하고 패퇴할 수밖에 없었다.

선덕여왕 때의 전쟁들

선덕여왕 치세 11년째 되었을 때 백제의 의자왕義慈王은 친히 대군을 이끌고 침공하여 신라의 서부에 속한 40여 성을 정복하고 그 세력을 모아서 대량주를 공격하게 되었다.

이에 선덕여왕은 사신으로 김춘추를 고구려에 보내서 침략을 규탄하고 백제를 물리칠 원병 파견을 요청했다. 이때 고구려의 보장왕寶藏王이 지금 신라가 차지하고 있는 죽령竹嶺 땅은 본래 고구려의 옛 땅이니 이를 돌려주지 않으면 원병을 내줄 수 없다고 하자, 김춘추가 자기의 소임은 그런 것이 아니라 원병을 청하기 위함이라는 말만 되풀 이함으로써 노여움을 사는 바람에 고구려 땅에서 육순이 넘도록 갇혀 살다가 나중에 김유신 장군에 의해서 구출되었다는 이야기는 너무도 유명한 역사 속 일화이다.

한편, 김유신 장군은 선덕여왕의 치세 기간 내내 전쟁터를 누비면서 가정에서 하룻밤도 평안히 쉬어갈 수 없는 처지가 되었는데, 전쟁 중 잠시 자기의 집에 들러서 아내가 주는 물을 마신 다음, "아! 우리 집 물맛은 아직도 옛 물맛 그대로구나."라는 한 마디를 남기고 다시 전선으로 달려갔다고 전해진다.

아주 가냘플 것 같은 선덕여왕의 치세 기간에 생겼던 크고 작은 전쟁들은 선덕여왕으로 하여금 남자를 뛰어넘는 기개氣概를 통하여 여왕의 위상을 높였을 뿐만 아니라, 슬기로운 인재등용人才登用과 탁월 한 선정으로 아름다운 역사의 기록을 남길 수 있게 하였다.

선덕여왕의 문화 활동과 최후

선덕여왕은 수많은 전쟁을 치르면서도 한편으로는 눈부신 문화 활동으로 백성들의 마음을 한데 모을 수 있었다.

여왕의 재위 12년째가 되던 643년에는 백성들의 마음이 흐트러지지 않도록 황룡사黃龍寺 뜰에 구층탑九層塔을 세우게 하였는데, 선덕 여왕이 정치력政治力 이상의 종교적인 신앙심信仰心으로 백성들의 마음을 일깨우려 했던 것임을 알 수 있다. 특히 새벽녘에 들려오는 범종梵鐘소리로 백성들의 마음을 융화시키려 했다는 것을 통해 어떤 종교라는 것을 떠나서 선덕여왕의 자상함과 영지적靈知的인 품성을 미루어 짐작케 한다.

신라에 불교佛敎가 들어오게 된 것은 고구려나 백제보다 훨씬 후의 일이었고, 또 불교를 받아들인 것도 인도나 중국이 아닌 고구려로부터였다. 그러나 불교가 신라의 국교國敎로 올라서게 된 것은 어쩌면 선덕여왕의 백성들을 아끼고 사랑하는 자애심慈愛心으로부터 시작되 었다고 볼 수 있을 것이다.

선덕여왕이 현재 우리나라 국보國寶 제105호로 등재되어있는 첨성대瞻星臺를 세워서 백성들의 농사農事일을 도우는 기상관측소氣象觀測所로 활용하게 한 것을 통해서도 알 수 있다.

그러나 선덕여왕도 결국은 그의 신뢰와 총애를 받던 신복 비담毗曇과 염종廉宗등의 반역으로 치세 16년을 넘기지 못하고 역사의 뒤안 길로 사라지게 되었다.

선덕여왕은 한 여성으로서, 우리 한국 여성들의 지위를 높이는 데 기여했고, 남자들이 할 수 없는 수많은 치적들을 능히 남겨 놓았던 위대한 여걸이요, 강强한 여자였다.

03
율곡의 어머니, 신사임당

　이율곡^(李栗谷: 1536-1584)은, 이씨조선^{李氏朝鮮} 연산군^{燕山君} 후기로부터 시작하여 명종^{明宗}과 선조^{宣祖}왕 때뿐만 아니라 지금까지도 학자^{學者}로서, 사상가^{思想家}로서, 정치가^{政治家}로서, 우리나라를 대표할 수 있는 철학가^{哲學家}로서 익히 알려져 있는 명사 중의 한 사람이다.

　그가 그렇게 된 것은 천부적으로 타고난 그의 총명함과 지혜로움 때문이었다고도 할 수 있으니, 더 정확한 것은 그의 어머니 신사임당^(申師任堂: 1504-1551)이 있었기 때문이라는 것은 너무도 잘 알려져 있는 역사적^{歷史的}인 사실이다.

　율곡의 아버지는 덕수이씨^{德水李氏} 원수^{元秀}로서, 강원도 강릉^{江陵}에서 감찰사^{監察司}의 벼슬을 했던 인물이었다. 그러나 이율곡의 아버지에 대해서 잘 알고 있는 사람은 거의 없다. 반면에 그의 어머니 신사임당에 대해서는 거의 모르는 사람이 없을 정도로, 그녀는 우리 나라를 대표하는 여류명사女流名士이다.

신사임당은 여자로서 갖추어야 할 자수刺繡부터 시작하여 서화書畵, 시가詩歌의 조예와 같이 타고난 재능才能뿐만 아니라 그녀의 부모님을 향한 효심과 교육열教育熱은 두고두고 우리 한국 여성상의 귀감이 되고 있다. 아들인 율곡을 열세 살의 나이로 진사초급進士初級에 당당히 합격 시켜서 아들의 장래를 열어 준 어머니였던 것을 생각해 보면 미루어 짐작할 수 있을 것이다.

특히 남존여비와 일부다처제一夫多妻制의 잘못된 사상과 풍속으로 물들어 가고 있을 때, 가정이라는 틀 속에 갇혀 살면서도 소리 없이 자기의 노력과 능력으로 우리 한국 여성상의 뿌리를 다져 나갔다는 것은 더욱 더 머리를 숙이게 한다.

신사임당의 어린 시절

신사임당은 연산군 10년(1504년) 10월 29일, 강원도江原道 강릉江陵의 북평촌北坪村에서 평산신씨平山申氏 명화命和와 이씨李氏 어머니 사이에서 다섯 딸 중의 둘째 딸로 태어났다.

아버지 신명화는 진사進士에 급제하여 그 당시 영의정領議政이던 윤은보尹殷輔와 형조판서刑曹判書 남효의南孝義 등의 추천으로 조정의 부름을 받았으나, 이를 사절하고 그의 부친의 묘실墓室을 지키며 3년을 지냈던 절세의 효자孝子로도 알려져 있다.

이렇게 예문가를 배경으로 자란 신사임당은 어렸을 때부터 글공부에 열중하면서 자수刺繡를 놓고, 그림을 그리고, 시詩를 짓고, 서예書藝를 하는 등 남다른 자기 연구와 개발에 몰두했다. 다섯 딸들 중에서도 유독 어머니의 영향을 직접 이어 받은 그녀를 보면, '그 어머니에 그 딸'이라는 말이 맞을 것이다. 즉, 어머니는 친정아버지 이사온李思溫과 외조부 최응현崔應賢에게서 학문學問을 익혀 왔고, 사임당은 어머니의 영향으로 이렇게 학문에 몰두하게 되었으니 어쩌면 처음부터 어머니에게서 비롯된 여류女流라고 해야 할 것이다.

남존여비라는 사회적인 악풍惡風을 뚫고 오직 여자만의 힘으로 역사의 현실을 거슬러서 여자의 숨은 힘을 발산했던 여장부女丈夫요, 남자만의 세계를 뚫고 일어선 여류명사女流名士로서의 신사임당이야 말로 영원히 우리 역사의 여류선각자女流先覺者였고, 여류영웅女流英雄이라는 찬사와 자랑을 보내고 싶다.

신사임당의 문화 활동

신사임당은 19세가 되던 해에 파주坡州에 살고 있는 덕수이씨 원수와 결혼하게 되는데, 남편은 그녀보다 세살 위인 22세의 청년이었다.

친가를 잊지 못한 사임당은 시댁으로 옮겨 가지 않고 결혼 후에도 3년간을 친가에서 지내다가, 그의 아버지가 세상을 떠나자 친정어머니를 모시고 그의 나이 21세가 되어서야 파주에 있는 지금의 율곡리栗谷里로 옮겨서 살게 된다.

그러는 동안에도 신사임당은 그녀가 하고 있는 침공자수針工刺繡와 서예書藝 및 학문에 몰두하여 자리도慈梨圖, 산수도山水圖, 초충도草蟲圖, 노안도蘆雁圖, 연로도蓮鷺圖 등의 국보적인 문화재文化財를 만들었고, 현재까지 우리에게 그녀의 작품들을 전해 주고 있다. 특히 그녀가 남긴 시문詩文 중에서 어머니가 계신 강릉江陵을 바라보면서 대관령大關嶺 고개에서 지었던 「유대관령망친정踰大關嶺望親庭」이라는 시문은 지금도 대관령 고개를 넘는 모든 사람들이 한 번씩은 읽어 보았을 것이다.

慈親鶴髮在臨瀛   자친학발재임영
身向長安獨去情   신향장안독거정
回首北坪時一望   회수북평시일망
白雲飛下暮山靑   백운비하모산청

사랑하는 어머니 백발이 되어 임영에 계시는데

이 몸은 장안을 향해서 외롭게 가는데도 정 많은 어머니 곁에

남아 있네

잠깐 머리를 돌려서 북평 땅을 바라보니

흰 구름이 떠가는 밑에 저물어가는 산은 푸르구나

그리고 또 하나, 사임당이 서울의 시댁에서 강릉에 계신 어머
니를 생각하면서 지었다는 「사친思親」도 함께 소개한다.

千里家山萬疊峰	천리가산만첩봉
歸心長在夢魂中	귀심장재몽혼중
寒松亭畔孤輪月	한송정반고륜월
鏡浦臺前一陣風	경포대전일진풍
沙上白鷗恒聚散	사상백구항취산
海門漁艇任西東	해문어정임서동
何時重踏臨瀛路	하시중답임영로
更着斑衣膝下縫	갱착반의슬하봉

산으로 첩첩이 둘러싸인 내 고향 천리건만

자나 깨나 꿈속에서도 가고픈 마음뿐이라

한송 정자 가에 외로이 뜨는 달

경포대 앞을 스쳐가는 한줄기의 바람

모래판의 갈매기 떼는 오락가락 노닐고

언제나 임영 가는 길 다시 밟아

색동옷 갈아입고 어머니 곁에서 바느질을 할 것인가

이렇게 명시를 많이 남긴 사임당은 감찰사인 남편을 따라서 전국 지방을 누비며 유랑 생활을 하면서도 끊임없이 글을 쓰고, 서예를 익히 며 그림을 그렸고, 자기가 하고자 하는 일에 굳건한 모습을 보였다. 그렇게 하는 동안, 그녀는 장남 선璿을 비롯하여 장녀 매창梅窓을 낳고, 그의 나이 32세가 되었을 때 셋째로 낳은 아들이 바로 율곡栗谷이었다.

신사임당은 남편이 관에 출근을 한 후에는 집안일을 하면서도 쉴새 없이 자수를 놓고, 글공부를 하고, 그림을 그리고, 서예를 했을 뿐만 아니라, 자녀교육子女教育에도 철저했다. 이에 대한 것은 신사임당의 사식인, 이율곡에 대해 알아보면 쉽게 이해가 될 것이다.

신사임당의 아들, 율곡 이이

이율곡의 어머니, 신사임당은 유독 자녀교육에 온갖 정성을 다 쏟았다. 물론 율곡은 어렸을 때부터 두뇌가 총명하고 명석하여 어머니의 교육에 성심을 다해서 순종하고 따랐는데 그의 어머니 사임당의 교육 방식은 목표가 뚜렷했다. 우선적으로 자기 스스로가 바른 사람이 되어야 한다는 사람됨에 대한 것이었고, 다음은 다른 사람들에 대한 배려심配慮心과 나라를 위한 충정忠情 이었다.

이는 바로 공자孔子의 '수신제가치국평천하修身齊家治國平天下'라 는 교훈과도 같은 것이었다고 할 수 있다. 이러한 가르침은 곧 그의 아들 율곡을 통해서 잘 드러나고 있다.

율곡은 어렸을 때부터 그의 어머니 사임당을 따라서 책을 읽 고, 글을 쓰고, 시를 지으면서도 그의 가슴 속에는 항상 나라를 위하는 마음이 불타고 있었다. 그는 어머니로부터 학문을 배우 다가 여섯 살이 되었을 때 어머니를 따라서 처음으로 한양 땅을 밟게 되었다.

그의 아버지는 감찰에서 의정부議政府의 좌찬성左贊成이라는 벼 슬을 하기는 했으나, 자녀들의 교육만은 전적으로 어머니인 사 임딩이 맡아서 행하도록 맡겨 버렸다. 율곡이 여섯 살부터 열세 살이 되기까지 어머니의 치마폭 밑에서 교육을 받고 자랐으니, 어린 나이로 진사 초급에 장원을 할 수 있었다는 것은 전적으로 그의 어머니 사임당의 가르침이 있었기 때문이었다.

율곡은 그의 나이 21세가 되던 1556년에 한성시漢城試에 장원 한 다음 성주목사星州牧使 노경린盧慶麟의 딸과 결혼했다. 23세 때에는 당대의 석학碩學이었던 이퇴계李退溪 선생을 만나 뵙고자 멀리 예안禮安의 도산陶山을 찾았다. 당대에 우리나라를 대표할 수 있는 석학碩學들의 만남이 이루어졌던 것이다. 그로부터 시작된 이퇴계와, 이율곡, 또 한 사람 서경덕徐景德 사이에 얽힌 학문상의 견해와, 사상의 갈등은 우리나라 사상계思想界의 향방을 결정 짓게 되었다.

이율곡이라는 인물에 대해서는 수많은 이야기가 전해지고 있다. 그런데 그중에서 꼭 한가지만은 우리가 알아야 할 사실이 있다.

1592년 4월, 임진왜란壬辰倭亂이 일어나기 9년 전에 율곡은 임금에게 '십만양병설十萬養兵說'의 글을 올렸다가 반대하는 사람들의 모함을 받고 사직社稷에서 물러나 고향 파주에 있는 율곡 마을로 옮겨 가서 살게 되었다.

그가 임금에게 올렸던 십만양병설은 앞으로 다가올 일본 사람들의 침략, 즉 임진왜란에 대해 율곡이 미리 예측하고 있었음을 알 수 있게 한다.

그는 그 글에서, "국세國勢의 부진함이 극심합니다. 앞으로 10년을 못 가서 나라의 위기危機가 올 수 있으니 그때를 대비하여 부디 십만군을 미리 양병養兵하여 한성 장안의 토굴과, 각도 변방에 배치 해 국방력國防力을 강화해야 합니다."라고 말하고 있다.

그러나 그의 이 같은 간언諫言이 묵살당하고 오히려 반역叛逆으로 몰리게 되자 율곡은 모든 벼슬길을 버리고 낙향하여, 임진강가에 방화정放火亭이라는 팔각정八角亭을 짓고 날마다 기름걸레로 닦으며 세월을 보내게 된다. 그로부터 9년 후에 정말 임진왜란이 일어났고, 선조대왕이 의주義州로 파천播遷을 하게 될 때 율곡이 세운 방화정에 불을 놓고, 소낙비가 쏟아지는 밤중에 임진강을 무사히 건널 수 있었다는 일화는 너무도 잘 알려진 역사의 이야기이다.

율곡이 그렇게 한 것은 그의 선견지명도 있거니와, 그의 어머니 신사임당을 통해서 나라를 사랑하는 마음을 배웠기 때문이며, 자기의 손익損益을 떠나서 고귀하게 살았던 인물이었기 때문임을 알 수 있다.

이렇게 율곡에 대한 가르침을 통해 우리 한국 여성의 상이요, 우리의 전통문화를 일깨워 주신 어머니요, 자녀 교육의 귀감이요, 만대에 빛나는 우리 한국 여자의 참모습을 심어 준 신사임당은 두고 두고 우리의 가슴속에 강彊하고 자랑스러운 어머니로 남아 있다.

04
일제의 칼에 돌아가신 국모, 명성황후

　아무리 생각하고 또 생각을 되풀이해도 치가 떨리고 분을 삼킬 수 없는 일제 침략자들의 만행蠻行을 잊을 수가 없다.

　그중에서도 특히, 우리나라 황실에까지 침입해 들어와서 국모國母인 황후까지 칼로 시해弑害한 후, 그 시신屍身마저 황실의 뒤뜰에서 불태워 버린 것은 단순히 일본 사람들의 야만적인 행위라고 하기보다는, 차라리 사람의 탈을 쓴 악귀惡鬼의 짓이라고 할 수밖에 없다. 그것 이 바로 이웃 나라인 일본이 자행했던 끔찍한 일이었다.

　지금 우리 정부가 1964년을 기하여 한일협정韓日協定과 관련하여 백성들을 속이고 정치적인 흥정으로 매듭을 지은 결과, 아직도 우리나라 구석구석에서는 반일反日의 원한 맺힌 함성의 소리가 끊이지 않고 있다. 더구나 한일 외무장관 회의라는 이름으로 국민들의 소리는 전적으로 외면해 버린 채 이익을 위한 흥정에만 몰두하여 또 한 차례 국민들의 분노를 사게 한 일들은 참으로 안타까운 마음뿐이다.

우리 정부를 비판하려는 것이 아니라, 정부끼리의 외교는 외교이고, 역사의 진실은 감출 수도 없고, 또한 감추어도 안 될 일이기 때문에 국민으로서 가지는 충정에서 말하려는 것이다. 지금 이러한 순간에도 아직까지 옛 궁중 뒤뜰 안의 한구석에서 서럽게 통곡을 하고 있을 국모, 명성황후明星皇后의 죽음을 애도哀悼하면서 이렇게 그날의 이야기들을 나누어 보고자 한다.

시운을 잘못 타고 난 황후

조선 제26대 고종황제高宗皇帝의 비妃, 즉 조선의 국모인 명성황후의 이야기를 하려면 먼저 분노忿怒에 치가 떨리는 것을 금할 수 없다. 당시의 우리나라는 고종황제의 무능함에, 대원군大院君의 전횡專橫으로 인해 좀처럼 현대화는 물론, 어느 것 하나 발전이라곤 기대할 수 있는 것이 없었다. 더구나 일본 사람들의 횡포橫暴는 날이 갈수록 심해지고 백성들의 원성은 극에 달하고 있었다.

이러한 때에 등장한 명성황후는 우리나라가 나아가야 할 방

향부터 시작하여, 침략자 일본의 흉계를 일찍부터 알고 있었고, 세계 역사의 흐름을 어느 정도 알고 있었다. 다가올 역사의 위기를 극복하기 위해서는 우선 시아버지인 대원군의 전횡을 막아야 하며, 일본 사람들의 속셈을 파헤쳐서 이를 돌파해 나가야 한다는 것을 인식하고 있었던 것이다.

그러나 불행하게도 일본공사公使 이노우에井上馨의 후임으로 우리나라에 온 미우라三浦梧樓가 친로정책親露政策을 펴 나가려는 명성황후를 온갖 수단을 통해 협박하며 방해하였다. 결국 최후의 수단으로, 음흉하고 잔인한 계략을 세운 다음 일본 정부에 요청하여 고바야가와小早川 등 20~30명의 자객刺客들을 불러들이는 행위에까지 이른다. 그리하여 일본에서 파견되어 온 자객들은 1895년 8월 20일 밤, 경복궁景福宮에 잠입하여 우리의 국모, 명성황후를 칼로 난도질하여 시해한 후, 증거를 없애기 위하여 황후의 시신에 석유를 뿌리고 불태워 버렸다.

바로 이것이 주한일본공사 미우라의 계략이요, 정면돌파正面突破라는 수단이었다. 우리나라의 국모 명성황후를 살해하고, 그들의 잔인殘忍함을 감추고 증거를 없애기 위해서 시신에 석유 기름을 뿌린 다음 황실의 뒤뜰에서 불태워 버린 것은 사람으로서는 할 수 없는 가장 잔인 하고도 야만적인 행위였다. 바로 이것이 당시 일본의 모습이었다. 남의 나라 황실에까지 침입하여 황후를 살해하고, 그 시신에 기름을 뿌려서 불태운 것인데, 어떻게 우리나라 국민의 감정이 풀릴 수 있겠는가.

잘못은 고쳐 나가면 된다. 그러나 전혀 고칠 기미가 없는 사람에게는 철퇴 밖에 없다. 우리는 과거의 잘못된 일들을 되새기면서 또다시 같은 역사를 반복하지 않도록 더 이상 속거나 회피하지 말아야 한다.

수구파와 개화파간의 싸움

명성황후는 1851년 지금의 경기도 광주에서 민치록閔致祿의 외동 딸로 태어나 어린 나이에 조실부모早失父母하고, 어렵게 살아오다가 16세가 되었을 때 고종의 비妃로 간택되어 궁으로 들어오게 되었다. 당시 국내의 사정은, 선왕 철종哲宗의 뒤를 이어서 즉위한 고종이 나이가 어렸기에 그의 아버지인 대원군의 섭정攝政이 이루어지고 있었으므로 정통성 있는 나라의 통치가 이루어지지 않고 있었다. 더구 나 유림儒林들과 대원군을 중심으로 한 수구파守舊派외, 일본 등의 외국 유학留學에서 돌아온 젊은 세대들을 중심으로 한 개화파開化派간의 극심한 대립으로 인해 나라의 앞날이 깜깜하기만 했다.

국외의 사정도 마찬가지였는데, 아편전쟁(1840-1842)으로 인해 중국의 북경성이 서구 사람들에게 함락되었고, 이웃 나라인 일본은 우리나라를 집어삼키기 위해서 음흉한 침략의 기회를 노리고 있었다. 또한, 미국 상선商船 제너럴셔먼호의 사건과 프랑스 군軍에 의한 강화 도의 침략 등 양요洋擾가 계속되고 있었다.

이러한 일련의 내우외환內憂外患은 대원군으로 하여금 쇄국정책鎖國政策을 펴 나가도록 부채질을 하고 있었으니, 그 가운데 끼어서 숨 조차 죽이고 살아야 하는 백성들의 형편은 말로 다할 수 없는 처절함 그 자체였다. 게다가 세계문화의 선구자였던 서양과의 외교는 꿈에 도 생각하지 못하게 했으니, 그럴수록 일본의 전횡은 혹심해져 갔다.

대원군에 의한 10년간의 섭정이 끝이 난 후에는, 명성황후를 중심으로 한 민씨閔氏 일가一家의 등장과 급진적인 신문화정책新文化政策으로 인해 1882년을 기해서 임오군란壬午軍亂이라는 내환內患을 남기게 되었다. 그 이후에도 1884년에 김옥균金玉筠과 박영효朴泳孝 등이 일본의 지원으로 시행한 갑신정변甲申政變으로 우정국郵政局이 불타버리는 내환內患의 위기가 있었으며 이로 인하여 청淸나라의 내정 간섭이 심화되었다.

이렇게 나라의 안팎이 어수선할 때 정치를 맡은 고종은 나라의 어려움을 수습할 기력조차 없었고, 이와 더불어 국내에서의 정치적인 문제가 만연하여 더욱 더 나라를 어지럽게 했다.

1895년 8월 20일, 한참 인생의 낙을 즐기면서 살아갈, 앞날이 창창 한 명성황후가 일본 자객들에 의해서 시해를 당하고 말았으니 그로부터 시작된 1910년까지의 15년간은 국상國喪의 슬픔에 비통한 시기였다고 한다면, 1910년에 이르러서 일본 사람들의 강요에 의한 을사보호조약乙巳保護條約과 1915년에 있던 한일합방이라는 굴욕과 비운의 역사 또한, 국모 명성황후의 죽음과 무관하다고 할 수 없다.

명성황후의 시해 사건과 함께 그 후에 진행된 한일관계韓日關係를 보면 어느 한 가지도 긍정적으로 받아들일 수 있는 것은 없다. 비록 우리 정부와 일본 정부 사이에 외교外交라는 이름으로 온갖 협정이 이루어지기는 했으나, 과거의 역사나 현실의 진실은 그것이 아니었 다는 것을 알게 한다.

이제는 우리나라 국민들의 자성과 새로운 각성이 있어야 할 것이다. 우리가 역사를 알아야 하는 것은 과거를 조명하여 현재를 살아 가는 지혜를 얻고, 또한 현재를 가지고 미래를 설계하기 위해서이다.

여자로서의 명성황후

명성황후는 일찍이 여덟 살이 되었을 때 불행하게도 조실부모하여 외롭게 시골에 묻혀 살면서도 자기 스스로의 마음다짐과 학문을 익히면서 세상을 읽어 나갔다.

무수한 역경을 딛고 일어선 명성황후는 어렸을 때부터 총명하고 똑똑하여 주위의 부러움을 사기는 했으나, 어느 누구도 그녀를 이끌어 주는 사람이 없었다. 그런데 대원군의 아내로 있던 민씨가 남편인 대원군에게 그녀를 소개하여 고종의 비妃로 간택하게 되면서 비로소 국모의 자리에 오를 수 있었다. 명성황후의 친정 편이라고는 한 사람도 없었기 때문에 외척外戚에 의한 세도 싸움은 없을 것이라는 이유가 크게 작용했을 것이다.

그러나 바람을 만난 독수리처럼, 그녀는 국모가 되면서 자연히 국사國事에 대하여 생각하지 않을 수 없었다. 그리고 공교롭게도 그녀를 간택하여 불러들인 시아버지, 즉 대원군이 나라의 발전에 장애障碍가 된다는 것을 알게 되었다. 또한, 일본이라는 나라가 최대의 적敵이라는 사실을 동시에 인식하게 되었다. 이는 모두가 그녀의 명철한 두뇌와 세상을 보는 지혜 덕분이었다.

처음으로 그녀를 소개했던 대원군의 부인은 그녀를 향하여, "뛰어난 통찰력과 명철함으로 어느 누구의 추종을 불허하고, 비록 혼자서 익히기는 했으나 어느 명문가의 규수에 비할 바가 없는 처녀다."라 고 평했다.

심지어 명성황후 시해에 직접 가담했던 일본 사람 고바야가와小早川는 그의 수기에 기록하기를, "한낱 여성에 불과한 민비는 동양의 호걸豪傑이 라고 불렸던 시아버지 대원군의 수완과 재능을 능가했고, 도량이 넓은 대단한 여자로서 세상을 주름잡는 여걸이었다."라고 칭찬했다.

또한, 그 당시에 우리나라에 와서 명성황후를 만나 본 일본의 외상外相 이노우에는, "조선 왕조의 민비, 왕후王后의 재치와 총명을 따를 수 있는 국민은 이 나라에 정녕 아무도 없을 것 같다. 내가 아무리 그녀를 설득하고 이해를 시키려고 해도 나로서는 감히 그녀를 당할 수 없었다."라고 말하기도 했다.

명성황후는 지금의 경기도 여주驪州에 있는 선영先塋의 묘실을 지키면서 초가삼간에서 살았다. 비록 어린 나이에 부모를 여의고 외롭게 살아갔지만 혼자 살아가기 위해서 어떠한 일도 마다하지 않으며 참고 이겨냈다. 그리고 밤이면 독학을 하면서, 살아남기 위한 것만이 아니라 이 세상을 흔들어 보겠다는 다부진 꿈을 안고, 온갖 시련을 참고, 끊임없이 노력했다. 이러한 그녀였기에 대원군의 아내인 민씨의 눈에도 들어올 수 있었을 것이다.

명성황후의 개인 어학선생語學先生으로 궁궐에 출입하면서 그녀와 자주 접촉했던 미국인 여자 선교사 비숍Bishop은 자신의 일기에 명성 항후에 대하여 기록하기를, "황후께서는 몸매가 호리호리한 가냘픈 체구인데, 머리카락은 새까맣고, 진주眞珠 분으로 화장을 해서 얼굴은 항상 창백해 보였고, 눈은 날카롭고 기민해 보였으며, 언제나 친절하고 환하게 밝은 모습으로 대해 주시는 인자하신 여성이었다."라고 했다.

이와 같은 명성황후에 대한 이야기들은 우리나라의 국운國運과 더불어 매우 안타까운 마음을 가지게 한다. 남존여비에 일부다처제가 만연하고, 칠거지악七去之惡이라는 죄 딱지를 붙여서 조강지처糟糠之妻까지도 내동댕이치던 당시에 정치로 뛰어든 명성황후는 분명히 우리가 생각하는 보통 여자는 아니었다는 것을 알 수 있다.

더구나 궁 안의 여인들은 지위고하地位高下를 막론하고 왕의 여자들이었다. 그들이 한평생 바라는 것이 있다면 왕의 눈에 띄어서 단 한번이라도 성은聖恩을 입는 일이었다. 이러한 최악의 조건을 뚫으며 명성황후는 때로는 시부모와 맞서야 했고, 또 어떤 때는 정치꾼들과 대결을 해야 했으며, 심지어는 외국의 내로라하는 외교관外交官들을 상대해야 하는 등 상상하기조차 어려운 역경과 고난의 길들이 그녀의 앞에 첩첩이 쌓여져 있었다. 그러나 명성황후는 여자로서, 국모로 서 강인한 모습을 보이며 여자는 결코 약한 것이 아니라 가장 강한 존재라는 것을 우리에게 알려 주고 있다.

왕비로서의 명성황후

여흥민씨驪興閔氏 집안의 가난한 고아孤兒가 일약 국모의 자리인 비妃로 간택, 책봉되어 궁궐에서 혼인예식을 행하고 일국의 국모로 들어앉게 된 것은 그녀의 나이 16세가 되던 1866년 3월에 일어난 일이었다. 그때 신랑 고종의 나이는 그녀보다 한 살 아래인 15세였다.

시골 고아 출신의 처녀로서 왕과 결혼을 하고 국모가 되어 궁궐에 들어온 명성황후는 처음 3년간은 말없이 숨어서 열심히 궁중교육宮中敎育을 통하여 왕실의 법도와 국모로서 갖추어야 할 덕목德目들을 익히는 일에만 열중했다. 우선 시부모에게 효성孝誠을 다하고, 신하 들을 존경하며, 백성들을 아끼고 사랑해야 하는 마음가짐에 대해서도 열심히 배웠다.

자기의 남편인 고종이 수많은 궁중의 궁녀宮女들에게 눈이 팔려 자기에게 관심이 줄어든 것을 느꼈을 때에는 마음에 큰 상처를 입기도 했지만, 그녀는 그럴수록 자기의 처신과 살아남아야 할 길을 찾게 되었을 뿐만 아니라, 국모로서의 역할을 충실히 이행함으로써 자신의 입지를 분명히 해야 한다는 것을 알게 되었다. 어렸을 때 고아로 자랐었던 그녀의 과거가 그녀를 더 강한 여자로 만들었으리라고 짐작해 본다.

그녀는 내명부內命婦의 수장首長으로서 모든 빈嬪과 장의掌醫까지 자신의 세력에 끌어넣고 왕비王妃로서의 자리를 굳게 지켜 나갔다. 그러면서도 또 한편으로는 칠거지악이라는 유교儒敎의 악풍에서 오 는 성적 차별을 이겨내야 하는 어려움은 때때로 그녀의 가슴을 두드리는 한恨으로 쌓여 갔다.

왕비인 그녀도 여성으로서 겪는 온갖 시련과 억울함을 견디고 자기의 희생을 감수하면서까지 살아가야 하는가, 아니면 과감하게 일어 서서 이처럼 억울하고 옳지 않은 일에서 벗어나기위해서 싸워야 하 는가 하는 마음의 갈등을 가지기도 했다.

정치에 뛰어든 명성황후

명성황후를 둘러싼 불우한 현실은, 그녀에게 또 다른 야심에 불을 붙이게 했다. 현실의 정치에 정면돌파하여 자기의 현실을 극복해 내고자 한 것이다. 친정親政으로 자기의 입지를 늘려 가는 한편, 자기의 세력을 확보한 다음, 자기의 시아버지인 대원군을 거세去勢하고, 자기 남편이 갖는 왕권王權을 회복해서 백성들을 안정시키는 것이 바로 명성황후가 정치에 개입하게 된 큰 동기일 것이다.

그리하여 명성황후는 처음에는 아주 조심스럽게 몸을 낮추면서 자기 시아버지의 실정失政을 언급하며 정치 일선에서 후퇴하기를 종용 했다. 그러나 효부孝婦로서 시아버지의 사랑을 받아왔던 그녀가 갑자기 시아버지와 맞서게 되었으니, 이로 인한 오해와 시부모의 은근한 학대는 참기 어려울 때도 있었을 것이다.

그러나 명성황후는 분명히 가정에서의 효심과 나라를 위한 정사에 대한 것을 구분하고 있었다.

그녀는 우선 자기가 하는 일의 정당성을 알리고자 평소부터 다짐했던 세력규합勢力糾合을 위해서 우선 자기 외척 집안의 민승호閔升鎬를 비롯하여 민규호閔奎鎬, 민겸호閔謙鎬, 민태호閔台鎬 등을 조정으로 불 러들여서 인사人事, 행정行政, 재정財政, 군사軍事, 치안治安 등을 맡게 했다. 또한, 대원군에게 외면당했던 시할머니 조대비趙大妃의 친정 조카 조영하趙寧夏와, 대원군에 의해서 거세당했던 안동김씨安東金氏 집안의 사람들까지 끌어 모으게 했다.

특히 시아버지의 큰 아들이자 고종의 친형親兄인 이재면李載冕을 첩자로 이용하여 대원군의 비밀을 알아냈으며, 대원군의 친형인 이최응李最應까지 자기의 사람으로 만드는 데 성공한다. 그뿐만 아니라 유림儒林들을 내세워서 대원군의 실정을 질타하고 당대에 국민들 사이에서 명망이 높았던 최익현崔益鉉에게까지 접근하여 자기의 사람으로 만들었다.

명성황후의 이러한 행동력은, 고종 10년인 1873년 12월에 대원군의 실각과 함께 차기 정권을 인수할 만반의 준비를 갖추려 함이었다. 고종은 왕위에 올라 43년간 장기 집권을 하게 되었으나, 그는 왕비의 정략政略에는 미치지 못하였으므로 정치의 실권實權은 언제나 명성 황후의 손안에 있었고, 고종은 겨우 왕으로서 재가^{裁可}를 해 주고 어인^{御印}이나 찍어 주는 형식상의 군주 君主에 불과했다.

이는 고종의 무능한 탓도 있었거니와, 명성황후의 정치적인 수완이 너무도 뛰어났기 때문에 고종을 비롯한 군신^{君臣}들까지 도 그녀를 따를 수밖에 없었다는 말이 맞을 것이다. 명성황후가 일본 사람들에게 시해 당한 후, 고종이 명성황후를 그리면서 자 주 눈물을 흘렸다는 것은 단순 한 연민^{憐憫}의 정뿐만이 아니라 어려운 내외국사^{內外國事}를 접할 때마다 왕으로 하여금 그녀를 더 욱 더 생각나게 했기 때문이었을 것이다.

명성황후가 오빠인 민승호를 총참모로 하여 민겸호, 민규호, 민태호 등과 함께 처음 세웠던 조각^{組閣}의 인물을 보면, 영의정 領議政에 이유원^{李裕元}, 좌의정^{左議政}에 흥인군^{興寅君}, 우의정^{右議政}에 박규수^{朴珪壽} 등 철저히 반^反대원군의 사람들을 세워서 나라를 다 스리게 했다.

이로부터 시작하여 시아버지 대원군과 며느리 명성황후 사 이에 벌어진 정치적인 갈등과 반목은 온갖 유혈참극까지 일으 키면서 마침내 1882년 6월 임오군란을 일으키는 경지까지 몰 고 가게 되었다. 즉, 대원군이 명성황후를 추방한 다음 서둘러 서 '중전승하^{中殿昇遐}'를 발표하기까지 했으나, 그때 명성황후는 민응식^{閔應植}의 집에 숨어 있으면서 청^淸나라에 원병^{援兵}을 요청하여 대원군을 납치拉致하게 하고, 다시 궁 안으로 돌아오게 되었다. 궁으로 돌아온 명성황후는 더 큰 세력을 규합하여 정권을 휘두르게 된다.

한때는 그녀를 가리켜서 '여왕女王'이라고도 불렀다고 하니 그녀의 정치적인 세도勢道가 얼마나 강했던 것인가를 미루어 짐작케 한다. 시골에서 고아처럼 자라면서 자수성가自手成家의 길을 걷다가 왕비로 등극하여 이처럼 정치적인 큰 바람을 일으킨 그녀를 어떻게 평가해야 할 것인지 생각해 볼 필요가 있다.

명성황후는 단순히 정사에 관여하기만 했을 뿐 아니라, 직접 정권을 손에 넣었다. 이는 어느 누구도 할 수 있는 일이 아니라, 그녀의 가정적인 환경이나 그녀가 자라 온 배경은 물론, 그 시대의 사회적인 형편이나 여자라는 신분을 생각해 보면 결코 쉬운 일이 아니었다. 그러나 그녀는 당당하게 일어섰고, 세상을 뒤흔들어 버렸다. 그에 대한 시비는 필요가 없을 것이다. 중요한 것은, 여자라는 몸으로 모든 불운과 악조건을 이겨내며 당당하게 역사의 수레바퀴를 굴렸다는 사실이다. 이는 남자가 아닌 여자라고 할지라도, 마음먹기와, 노력努力의 여하에 따라 불가능不可能이란 없다는 것을 일깨워 준다.

국모의 죽음

우리의 국모인 명성황후가 일본 자객의 칼에 희생당한 것은 1895년 8월 20일 밤에 일어난 일이었다. 그날, 그 자객들은 단순히 여자 한 사람을 죽인 것이 아니라, 우리의 국모인 왕비를 죽였다.

이는 바로 우리나라의 숨통을 끊어 버리려는 야만적인 악행이었다. 감히 황실의 안방에까지 침입해 와서 우리의 국모를 시해한 일은 단순 히 정치적인 해결을 구하는 것의 문제가 아니라, 일본 사람들과 이 지구 상에서 같이 살아가는 것이 힘들 정도로 극악한 만행이었다.

만약에 명성황후가 그렇게 희생당하지 않았더라면, 당시 일본이 우 리나라를 지배하지는 못했을 것이다. 우리의 국모는 일본 사람들의 그러한 속셈을 일찍이 알고 있었기 때문이다.

명성황후를 시해한 후, 일본의 초대初代 총리대신總理大臣을 지낸 이토 히로부미伊藤博文라는 사람이 1906년에 초대 조선통감朝鮮統監으로 취임하여 식민지화植民地化를 추진했다는 것은 역사가 증명 하는 일이 아닌가.

이토 히로부미의 농간으로 1910년에는 이완용李完用을 비롯한 이지용, 이근태, 이하영, 권준형 등 을사오적乙巳五賊을 선동하여 을사보호조약을 체결했고, 그로부터 5년 후인 1915년에는 한일 합 방을 선포해 버리지 않았는가. 이러한 일본 사람들의 폭력적인 억압을 생각하면, 국모의 시해 사건은 더욱 더 치가 떨리고 분한 일 이다.

을미사변乙未事變 후 2년 뒤인 1897년에 비로소 그녀에게 '명성황후明星皇后'로서의 시호가 주어졌다. 끝내 나라를 지키지 못하고 가신 우리의 국모, 명성황후는 지금도 우리 민족의 가슴을 흔들어 깨우는 것 같아 이 글을 쓰는 내내 마음이 떨리곤 했다.

나는 정치 같은 것은 잘 모른다. 더구나 나라끼리의 외교 같은 것은 전혀 모른다. 그러나 대한민국이 우리나라라는 것은 뼈저리게 잘 알고 있다. 아무리 세계의 현실이 어떻게 돌아가고, 미래의 세계가 어떻게 돌아갈 것이라고 해도, 나라를 아끼고 지켜야 한다는 명성황후와 같은 마음은 바뀔 수 없다. 일본 사람들이 우리에 게 행했던 일들은 역사의 기록이 남아 있기 때문에 나름대로 조금은 알고 있다.

나는 우리 정부가 하는 일을 탓하려는 것이 아니라, 자기의 조국을 사랑하고 아끼는 마음은 정부만의 독점물獨占物이 아니라, 우리 국민 모두의 마음이라는 것을 말하고 싶은 것이다. 그래서 이렇게 마음속으로 다짐을 한다.

'더 이상 침략자들에게 속지 말자'고.

혈혈단신 여자의 몸으로 어느 한 가지도 쉬운 일이 없던 상황에서 명성황후는 오직 일편단심 나라를 위하는 마음과 여자도 할 수 있다는 가능성의 집념執念 하나로 국모로서 자신이 하고자 하는 바를 다했다. 어려운 환경 속에서도 현명하고 강强했던 명성황후, 그녀를 기억 해야 한다.

05
기미독립만세와 소녀 유관순

기미독립만세^{己未獨立萬歲}운동은 1919년 3월 1일, 서울 종로^{鐘路}에 있는 탑골 공원으로부터 시작된, 우리 민족 2천만이 하나가 되어 "대한독립만세^{大韓獨立萬歲}"를 불렀던 그날을 두고 하는 말이다.

1895년에 명성황후가 왜인^{倭人}들에 의해서 시해당한 후, 일제 침략 자^{侵略者}들은 꼭 15년째 되던 해인 1910년에 이완용 등 친일^{親日} 매국노^{賣國奴}들을 앞세우고 을사보호조약을 재결하브로 우리의 국권^{國權}은 일본 사람들의 손아귀에 송두리째 흔들리게 되었다.

그로부터 또다시 5년이 지난 1915년에는 일본 침략자들이 '한일합방'을 선언하면서, 일본 사람들의 만행^{蠻行}, 곧 전대미문^{前代}

未聞의 잔학성殘虐性을 드러내고 말았다. 우리의 군사軍事는 해산되었고, 외교권外交權을 비롯하여 내외의 모든 국권을 빼앗아가 버렸다.

이에 우리 2천만 동포들은 더 이상 일제日帝에게 저항할 힘조차 없어져 버렸다. 오직 한 가지 할 수 있는 것이라고는, "대한독립만세"만을 부르짖다가 일제의 총칼 앞에 처절하게 쓰러져 가는 것뿐이었다. 즉, 침략자 왜인들에게 나라를 빼앗겼어도 이를 되찾을 수 있는 국력이 우리에게 없었다. 현대식 총칼로 무장된 일본군과 맞서 싸울 병력도, 무기도 없었으니, 오직 우리가 할 수 있는 것은 "독립만세"를 외치는 것뿐이었다.

분명히 우리에게는 기미독립만세의 날에 낭독했던 '기미독립선언서'가 있었고, 손병희孫秉熙선생을 비롯한 33명의 민족대표들이 있었다. 그에 관한 내용들을 간단히 소개해 보고자 한다.

기미독립선언서己未獨立宣言書

오등吾等은 자茲에 아我 조선朝鮮의 독립국임과, 조선인의 자주민自主民임을 선언하노라. 차此로써 세계만방에 고하여 인류평등의 대의大義를 극명克明하며, 차此로써 자손

만대에 고하여 민족자존民族自尊의 정권正權을 영유케 하노라. 중략

아我의 고유한 자유권自由權을 호전護全하여 생왕生旺의 낙樂을 포향飽享할 것이며, 아我의 자족自足한 독창력을 발휘하여 춘만春滿한 대계大界에 민족적 정화精華를 결뉴結紐할지로다. 오등吾等이 자兹에 분기奮起하도다. 양심이 아我와 동존同存하며, 진리가 아我와 병진竝進하는 도다. 남녀노소 없이 음울한 고소古巢로서 활발히 기래起來하여 만휘군상으로 더불어 흔쾌欣快한 부활을 성수成遂하게 되도다. 천백세千百歲 조령祖靈이 오등吾等을 음우陰佑하며, 전 세계 기운起運이 오등吾等을 외호外護하나니 착수가 곧 성공이라. 다만, 전두前頭의 광 명으로 맥진驀進할 따름인 저.

공약삼장公約三章

一. 금일 오인吾人의 차거此擧는 정의正義, 인도人道, 생존生存, 존영尊榮을 위하는 민족적 요구이니, 오직 자유적 정신을 발휘할 것이오, 결코 배타적 감정으로 일주逸走하지 말라.

一. 최후의 일인까지, 최후의 일각까지 민족의 정당한

의사意思를 쾌히 발표하라.

一. 일체의 행동은 가장 질서를 존중하여 오인의 주장과 태도로 하여금 어디까지든지 광명정대光明正大하게 하라.

조선건국朝鮮建國 4252년 3월 1일

민족대표民族代表

손병희, 길선주, 이필주, 백용성, 김완규, 김병조, 김창준, 권동진, 권병덕, 나용환, 나인협, 양전백, 양한묵, 유여대, 이갑성, 이명룡, 이승훈, 이종훈, 이종일, 임예환, 박준승, 박희도, 박동완, 신홍식, 신석구, 오세창, 오화영, 정춘수, 최성모, 최린, 한용운, 홍병기, 홍기조.

그러나 민족 대표 33인, 그들은 이름뿐으로 막상 독립만세를 불렀던 그날에는 독립선언서도 읽지 않았고, 만세도 부르지 않았다. 다만 이름 없는 백성들이 전국 방방곡곡에서 손에 손에 태극기太極旗를 들고 하늘을 가르며 목이 터져라 '대한독립만세'를 불렀다. 침략자 왜인 들의 총칼에 쓰러져 간 순국선열殉國先烈들 앞에 옷깃을 여미고 비통 한 마음으로 경의를 표한다.

그들 가운데서도 나이 16세의 소녀少女로, 이화학당梨花學堂 2학년에 재학 중이던 유관순柳寬順의 이야기를 빼놓을 수 없다. 1919년 3월 1일, 기미독립만세운동의 중심에 선 인물들 중 한 사람만을 대라고 한다면 누구든지 소녀 '유관순'이라고 할 것이다.

유관순은 서대문西大門 형무소刑務所 8호실 감방에서 17세의 어린 나이로 일제의 칼날에 목숨을 잃었다. 그녀의 부모도 아우네 장터에 서 만세를 부르다가 일본 헌병憲兵의 총탄을 맞고 죽었으며, 유관순 또한 아직 어린 소녀의 몸으로 결혼을 했다거나 가정을 이루어 본 일도 없이 왜인들의 칼에 찢겨서 처절하게 죽어 갔다.

그러나 그녀는 정녕 우리 겨레의 장한 어머니요, 조국의 독립獨立을 위해서 혼魂을 뿌렸던 우국의 열사烈士였고, 대한 독립의 수호신守護神으로 역사 속에 길이 남을 거룩한 여성이다. 가냘픈 어린 소녀에 불과했지만, 그녀는 어느 남자도 당해낼 수 없는 아주 강한 여자였다. 너무도 자랑스럽고 훌륭한, 강한 여자였다. 우리나라 반만년 역사 속에 길이 피어 있을 무궁화 꽃이었다.

시골에서 태어난 소녀

유관순은 1904년 충청남도 천안天安에서 아버지 유중권柳重權

과 어머니 이소제李少悌 사이에서 태어난 귀여운 딸이었다. 그녀는 어렸을 때부터 심성心性이 곧고 강인強靭하여 무엇이든지 한 번 하겠다고 시 작한 일은 끝까지 해내고 마는 억척스러운 아이였다.

특히 그녀는 독실한 기독교 신앙인의 가정에서 자라면서 무엇이나 시비是非를 가려서 바로 행할 줄을 알았고, 옳은 일에는 끝까지 의지를 굽히지 않았다. 무엇보다도 우리나라가 지금 일본 사람들의 식민 통치를 받고 있다는 것을 어렸을 때부터 뼈저리게 느껴 오면서, 스스로 풀 수 없는 어떤 숙제를 가슴속에 안고 자라 온 소녀였다.

성정이 곧기로 유명했던 어린 유관순은 교회에서 신앙 훈련을 받고, 글공부를 하면서 성경을 배웠을 뿐만 아니라, 일본 사람에게 빼앗긴 나라를 되찾아야 하겠다는 마음을 가지고 하나님께 기도하는 것을 쉬지 않았다. 그러던 그녀가 16세가 되었을 때, 그녀가 다니고 있던 공주교회 여자 선교사의 추천으로 서울에 있는 이화학당에 진학하게 되었다.

유관순이라는 소녀를 곁에서 지켜본 선교사는 그녀가 귀엽다기보다는 무엇인가 장차 반드시 해낼 수 있는 가능성可能性을 지니고 태어났다는 것을 알고, 자신 있게 그녀를 이화학당에 추천했던 것이다. 유관순의 부모들도 선교사의 말에 순순히 따랐다.

비록 자기들이 낳은 딸이었지만 어렸을 때부터 그녀가 하는 생각과 행동들이 예사롭지 않다는 것을 지켜보았기 때문에 선교사의 말대로 멀리 천안에서 서울까지 유학을 보내기로 했다.

유관순이 새로 입학한 이화학당은, 1886년 5월 30일, 북 감리교의 여자 선교사 스크렌튼Scranton의 집에서 시작된 우리나라 최초의 여학교로서, 1887년에는 명성황후에 의해서 정식으로 '이화학당 梨花學堂'이라는 명칭을 얻었다.

처음에는 7명의 여학생女學生만으로 약소했으나, 학생들의 수가 날로 늘어남에 따라서 보통과普通課와 중등과中等課로 나뉘게 되었다. 이렇게 시작된 이화학당이, 1910년 4월에는 대학과大學課를 설치하게 되었는데, 유관순은 아마도 중등과에 들어갔던 것으로 보인다.

그 당시 이화학당에서는 우리나라 여성들에게 단순히 현대식으로 학문을 가르치는 것 외에 성경에서 전하고 있는 정의正義로운 사회의 실현, 특히 우리니리의 독립사상獨立思想을 심어 주는 것에 주력하고 있었다. 오늘날 이화여자대학교가 여성교육기관으로서 동양의 명문으로 올라서게 된 것도 단순히 학문에서 끝나는 것이 아니라, 바른 역사의 가치관價値觀을 심어 주고, 나라를 되찾아야 한다는 민족 교육의 기관이었기 때문이라고 생각한다.

유관순은 이화학당에서 열심히 학교 공부를 했다. 그러면서도 그녀의 어린 가슴속에서는 조국의 독립을 그리면서 남모르는 결의決意를 스스로 다짐하고 있었다.

아직 다 피어나지 못한 시골 소녀는 기독교 신앙인의 가정에서 태어나서 어렸을 때부터 엄하게 받아 온 가정교육家庭敎育과 교회를 통해서 배운 하나님 앞에서의 정의로운 진리의 신앙심, 이화학당에서 배운 애국심愛國心으로 조국의 독립을 위해서 자기가 할 수 있는 일이 무엇인가에 대해 쉬지 않고 기도 생활을 계속했다. 유관순의 가슴 속에서는 뜻이 있는 곳에는 길도 있으니, 배움을 통해 자기가 할 수 있는 것을 하기 위한 기회를 기다리겠다는 결심이 있었을 것이다.

그리하여 유관순의 이화학당 시절은 참으로 진지하고 다부진 그녀 만의 결의에 찬 학교생활이었다고 해야 할 것이다. 지금 당장 무엇인지는 몰라도, 그녀는 자신도 할 수 있는 일이 다가올 것이라는 미지의 희망을 가지고 때를 기다리면서 열심히 학업에 전념했다.

3 · 1절의 독립만세운동

우리는 3 · 1절에 대해서 말하기를, '기미독립만세운동의 날'이라고 한다. 그렇다면 삼일절三一節을 말할 때 가장 먼저 생각나는 것이 우리나라의 독립을 선포하는 '독립선언서'이고, 다음에는 '만세운동'이 라는 것을 알 수 있다.

분명히 우리의 선열先烈들은 1919년 3월 1일을 기해서 독립선언서를 낭독하여 대한인大韓人의 자주민自主民임과 주권국민主權國民으로서의 대의를 만천하에 선포했다.

우리가 민족자결의 원칙을 내세우고, 자주독립국가自主獨立國家임을 전 세계에 선포하는 뜻으로 만세를 불렀던 그날, 때마침 미국의 민주당 출신으로 제28대 대통령이 된 윌슨(Thomas Woodrow Wilson: 1856-1924)이 민족자결주의民族自決主義를 제창하고 나섰다. 침략자 일본 사람들의 식민통치가 아니라, 우리들 스스로 우리나라를 지키고, 우리끼리 오순도순 살아가겠다는 우리의 뜻을 만천하에 선포했던 바로 그날이었다.

기미독립만세운동의 날은 글자 그대로 '독립만세'를 부르짖은 날이었다. 우리도 엄연히 독립국가獨立國家라고 하는 것을 만천하에 선포 하면서 대한제국大韓帝國 국민들의 의지를 세계만방에 선포하는 평화운동平和運動의 날이었고, '대한독립만세운동'은 자유대한인自由大韓人의 자주권自主權을 만천하에 알리는 무저항적無抵抗的인 저항운동抵抗運動의 표현 방식이었다.

그러나 그날은 일제가 진압鎭壓이라는 이름 아래 총과 칼로 우리 국민의 뜻을 짓밟고, 소중한 생명을 무참히 참살慘殺하는 피로 물들인 날이요, 역사를 더럽힌 날로 기록되어 있다.

아무리 권력權力에 눈이 어둡고, 정치政治에 현혹되었다고 할지라도 역사는 정직正直하고 진실眞實하다. 정직과 진실을 외면하는 권력 이나 정치는 오래가지 못한다. 남들이 했든, 내가 했든 정직과 진실은 공정公正하다. 그것이 진리眞理이다. 진리를 거역拒逆하면 존재의 가치가 없는 것과 같다.

이것이 인간人間됨의 가치기준價値基準이다. 그래서 우리 국민 2천 만 동포들은 방방곡곡에서 '대한독립만세'를 부르짖고 일어섰다.

우리 정부는 기미독립만세운동의 참뜻을 바로 알아야 한다. 그리고 침략자였던 일본도 알아야 한다. 아무리 정치적인 흥정을 하고, 외교라는 말로 얼버무려 버리고자 할지라도 역사의 진리는 결코 속이거나 거스를 수 없다.

진실하고 정직한 우리 국민의 소리에 귀를 기울이고, 그 참뜻을 알고 이해하여, 민족관民族觀을 바로 세우고, 국가관國家觀을 지켜 나가는 나라의 통치가 그립다. 예나 지금이나 잘한 일은 잘한 일이고, 잘못한 일은 잘못한 일이다.

기미독립선언서와, 독립만세운동의 참뜻을 우리 모든 국민들은 알아야 한다. 그리고 우리 정부는 좀 더 바르게 이를 우리 국민에게 가르쳐야 한다. 요식적인 절차로 끝내지 말고, 좀 더 깊이 있게 진실한 역사의 뜻을 가르쳐야 한다.

"대한독립만세, 대한독립만세, 대한독립만세!"

소녀의 대한독립만세

이화학당에 몸을 담고 신교육新敎育을 받기에 바빴던 유관순은, 학교에서 미국 윌슨 대통령이 주창한 민족자결주의에 대한 것을 듣고, 우리나라도 독립을 해야 한다는 간절한 열망을 품으며 기회를 노리 고 있었다.

민족자결주의란, 자기 민족의 일은 자기들 스스로가 해결해야 한다는 정치철학政治哲學의 논리라고 해야 할 것이다.

때마침 1919년 3월 3일인 고종황제의 국장일을 앞두고, 3월 1일 우리나라 민족대표 33명을 중심으로 전 국민이 일제히 일어나서 손에, 손에 태극기를 들고 목청껏 '독립만세'를 부르짖자는 계획이 세워졌다.

유관순도 미리 이러한 소문을 들어서 알고 있었다. 유관순은 기회를 노려 오다가 그녀의 치마폭 속에 태극기를 숨겨서 약속된 날보다 미리 고향 천안天安으로 내려갔다. 그리고는 집안 언니들과 이웃 친구들까지 비밀리에 모여 함께 밤새우면서 초롱

불 밑에서 장꾼들에게 나누어 줄 태극기를 그려서 만들었다. 그렇게 연기, 청주, 진원 지방 의 학교와 유치원, 교회들을 찾아다니면서 태극기를 나누어 주며, 고종황제의 국장일을 앞두고 아우네 장터에서 다 함께 모여서 만세를 부르자고 선동煽動하였다.

"우리는 다 함께 '대한독립만세'를 불러야 합니다."

"제가 앞장서서 선창을 하면 다 같이 따라서 '대한독립만세'를 불러 주십시오. 우리는 그렇게 해서라도 나라를 찾아야 합니다."

마침내 3월 1일, 유관순은 아침 일찍 일어나서 자기의 부모들도 만세운동에 함께 참여하도록 권한 다음, 미리 아우네 장터로 달려갔다. 그리고는 한 사람 한 사람에게 자기가 준비한 태극기를 나누어 주었다. 정오를 기하여 자기가 선창을 하면 함께 소리 높여서, "대한독립 만세! 대한독립 만세! 대한독립만세!"를 부르자고 사람들을 단단히 설득시키며 준비했다.

정오가 되자, 그 가냘픈 소녀가 군중들 앞으로 뛰어나오면서 치마 폭 속에 감추어 왔던 태극기를 꺼내 높이 흔들며 "대한독립만세! 대한독립만세! 대한독립만세!"를 미칠 듯이 불렀다.

순식간에 아우네 장터는 천지가 진동할 정도로 만세의 함성 속에 파묻혔다. 유관순의 아버지, 어머니도 언제 왔는지 군중들 앞에 서서 '대한독립만세'를 부르고 있었다. 이에 놀라고 당황한 것은 일본 관리官吏들과 경찰警察들, 특히 헌병憲兵들이었다. 그리하여 일본군 헌병대원 한 개 중대의 병력이 긴급 출동하여 처음에는 하늘을 향하여 공포空砲를 쏘아댔으나, 이에 성난 군중들은 더욱 더 소리를 높여서 만세를 불렀으므로 일본 헌병대는 군중들을 향하여 직격탄直擊彈으로 총을 쏘아댔다.

유관순은 자기의 부모가 일본 헌병대의 총탄에 쓰러져 죽어가는데도 아랑곳하지 않고 계속해서 "대한독립만세! 대한독립만세! 대한독립만세!"를 부르다가, 그녀 또한 그대로 왜경倭警에 잡혀서 공주 경찰서로 끌려갔다. 참으로 분하고 안타까운 일이었다.

그녀는 일본 경찰들에게 잡혀서 끌려가면서도 끊임없이 계속해서 '대한독립만세'를 불렀다. 그럴 때마다 일본 순사들의 주먹이 뺨과 볼기를 가리지 않고 닥치는 대로 날아왔다. 하지만 그러면 그럴수록 유관순은 더 힘차게 '대한독립만세'를 불렀다.

"이 년이 죽고 싶어? 조용하지 못해!"

"나라를 되찾자고 독립만세를 부르는 것이 무슨 죄라고 해서 때리는 것이요? 당신들도 양심이 있으면 나와 함께 대한독립만세를 부르세요. 대한독립만세! 대한독립만세! 대한독립만세!"

"아니…? 이 년이…?"

무자비한 폭력을 당하면서도 유관순은 더 큰 소리로 '대한독립만세'를 불렀다. 결국 일본 경찰들은 서둘러 유관순을 공주지방법원地方法院으로 넘겨서 정식 재판을 받게 했다. 경찰력으로는 감당할 수 없었기 때문에 그녀의 신병身柄을 검찰로 넘겨버리려는 속셈이었다.

그곳에서 유관순은 7년 징역형懲役刑의 선고를 받고 감옥에 갇혀서 복역을 하게 된다. 그러나 이는 3·1절의 독립선언, 즉 독립만세운동과 맞물려진 일로써, 사안이 너무도 크고 중요하기 때문에 지방법원에서 끝나는 일이 아니었으므로, 유관순은 즉시 경성법원京城法院으로 신병이 이감移監되어 서대문 형무소에 갇히게 되었다.

서대문 형무소로 이감되어 온 유관순은 푸른 죄수罪囚의 수의를 입고 8호실 감방에 갇혔다. 그녀의 가슴 오른쪽에는 '1933번'이라는 죄패罪牌가 붙었으며, 이로부터 서대문 형무소에 수감된 한 여자 죄수가 되었다. 그렇게 서대문 형무소에서 언제 있을지 모르는 재판 날을 기다려야 했다.

일본 사람들은 유관순을 어린 소녀로만 생각했기 때문에 처음에는 그녀를 꼭 죽여야 한다고 생각하지 않았다. 그리하여 그녀를 말로 설득說得해 보려고도 했다.

"너는 아직도 어린 소녀가 아닌가?"

"나라를 위하는 마음에 어리면 어떻고, 소녀이면 어떻습니까?"

"더 이상 고집부리지 말고 학교로 돌아가서 공부나 하면 될 것이 아닌가?"

"나라를 빼앗긴 상태로 공부를 한들 무슨 소용이 있습니까?"

"나라가 없다니, 엄연히 대일본제국이라는 나라가 있고, 조선은 일본과 합쳐서 한 나라로 발전하면 얼마나 좋겠는가?"

"당신들은 우리나라를 집어 삼킨 침략자이고, 우리는 엄연히 대한 제국이라는 독립국가가 아닙니까?"

"대한제국이라는 나라가 있다고?"

"그렇지요. 우리에게는 엄연히 대한제국이라는 나라가 있는데, 당신들은 침략자이니 침략자인 당신들에게서 나라를 되찾고지 대한독립만세를 부른 것이 아닙니까?"

"무엇이 어째…? 이대로 좋게 대해서는 안 되겠다!"

"당신들이 나를 어떻게 대하는지는 상관하지 않겠습니다. 그러나 분명히 말하는 것은, 당신들이 우리나라에서 물러가고, 우리나라가 독립이 될 때까지는 대한독립만세를 외칠 것입니다."

"무엇이 어쩌고 어째…?"

말로써는 유관순을 당해내지 못한 일본 형사 심문관들은 유관순의 뺨을 때리고, 구둣발로 차면서 욕설을 퍼부었다. 그리고는 그대로 유관순을 감방 8호실에 다시 가두어 버렸다.

감방으로 돌아온 유관순은 또 쉴 새 없이 계속해서 '대한독립만세'를 불렀다. 그러면 독립만세를 부르다가 잡혀 온 사람들이 약속이라도 한 듯이 이 방 저 방에서 일제히 유관순의 선창에 따라 함께 '대한 독립만세'를 불렀다. 그리고 그때마다 긴 칼을 찬 일본 순사들이 와서 유관순의 뺨을 때리다가 구둣발로 사정없이 짓밟고 차면서 온갖 고문拷問을 다해 기절을 시킨 일이 한두 번이 아니었다. 그러나 그녀는 그런 것들에는 조금도 개의치 않고 정신만 차리면 계속해서 대한독립만세를 불러대니 어찌할 도리가 없었다.

잠들기 전에 외치는 "대한독립만세…!"

아침잠에서 깨어났을 때 울려 퍼지는 "대한독립만세…!"

정오에 터져 나오는 "대한독립 만세…!"

유관순의 입에서 전해지는 '대한독립만세'는 서대문 형무소의 담장을 넘어서 주민들의 가슴을 뭉클하게 할 정도였다. 그것은 유관순의 선창으로 시작되어 서대문 형무소에 갇혀 있었던 죄수들도 일제히 따라 불렀던 소리였기 때문이다.

'대한독립만세! 대한독립만세! 대한독립만세! 만만세! 대한독립만세!'

유관순 열사의 최후

아우내 장터에서 '대한독립만세'를 불렀던 소녀 유관순은, 공주 경찰서에 수감되었고 이어서 공주 형무소에서 징역살이를 하다가 서대문 형무소로 옮겨졌다. 유관순이 행한 일이라고는 오직 '대한독립만세'를 부른 것뿐인데, 그것이 일본 사람들의 입장에서 볼 때에는 반일운동反日運動을 한 악질적인 사상범思想犯으로 분류되었기 때문이었다.

유관순이 '대한독립만세'를 불렀을 때의 나이는 겨우 16세였고, 이화학당에서 공부를 하고 있는 평범한 여학생에 불과했다. 그런데도 그녀는 형무소에서 밤낮을 가리지 않고 나라의 독립을 위한 만세를 불렀고, 그럴 때마다 형무소에 같이 수감되어 있는 죄수들도 일제히, '대한독립 만세'를 따라 불렀으니 형무소 측에서는 어찌할 방법이 없었다.

아무리 말로 설득을 해도 안 되고, 고문을 해도 통하지 않아 어찌 할 도리가 없었던 것이다. 특히 그 당시에 서대문 형무소를 감시하고 있던 간수들은 일반 간수가 아니라 특별 교육을 받은 경찰들이었으므로, 죄수들에게 어떠한 고문을 가해도 그를 시비할 사람이 없었다.

1920년 10월, 아직도 많은 꿈에 부풀어 있던 어린 유관순은 '대한독립만세'를 부르다가 왜인이 휘두르는 칼에 목숨을 잃게 된다. 부모님 마저 만세를 부르다가 일본 헌병들이 쏘아대는 총탄을 맞고 죽어 버렸으니, 그녀를 돌보아 주는 사람은 아무도 없이 혼자서 일본 경찰이 휘두르는 칼에 처절하게 희생당한 것이다. 그녀의 죽음을 글과 말로서 어떻게 표현해야 할 것인지를 모르겠다.

죄형법정주의罪刑法定主義의 원칙에서도 벗어났을 뿐만 아니라, 당시 일본 사람들이 얼마나 불법적으로 우리 국민들을 가혹하게 학대虐待했는가를 알게 해 준다. 너무 속결처리速決處理를 했다는 것 외에, 아직 어린 소녀를 칼로 무참히 베었다는 것을 인식해 보면, 유관순의 저항과 그녀가 부르짖었던 '대한독립만세'가 얼마나 성난 포효咆哮의 소리로 들렸던가를 미루어 짐작케 한다.

그렇기에 유관순은 정식 법정판결法廷判決을 받고 법에 따라서 처형處刑을 당한 것이 아니라, 법을 떠나 일본 경찰들의 감정적感情的인 판단 아래에서 잔인하게 학살虐殺당한 것임을 알 수 있다.

너무도 어린 소녀, 유관순은 시골 마을에서 태어났다. 가난한 집 안의 딸로 태어났기 때문에 누가 보든지 그녀는 약하디 약한 시골 가정의 계집애였다. 그러나 그녀는 너무도 강했다. 어떤 남자도 당할 수 없이 강했다. 심지어는 대동아권大東亞圈을 쥐고 흔들었던 일본의 천황天皇보다도 더 강했다.

우리나라를 집어 삼키고, 그들의 손아귀에 집어넣으려 했던 일본을 뛰어 넘을 정도로 강한 여자였다. 우리나라 2천만 동포들 앞에서 손에 태극기를 들고 목청껏, '대한독립만세'를 불렀던 그녀의 가슴속 에는 오직 조국 대한민국의 독립만이 가득 차 있었다. 유관순은 대한민국 여성의 분신分身이요, 혼魂이요, 여성이 강하다는 것을 보여 주는 전형典型이다.

그녀는 지금도 우리나라 젊은이들의 가슴속에서 외치며 부르짖고 있다. 조국 대한민국大韓民國을 지켜 달라고.

유관순은 서대문 형무소에서 일제의 칼에 죽어간 소녀가 아니라, 우리 민족의 넋을 타고 흐르는, 민족혼民族魂의 생기生氣를 불어 넣는 우리의 강强한 생명력生命力이다.

II

세계사를
수놓은
여자들

세계사^{世界史}를 수繡놓은 강한 여자들의 이야기는 너무도 많다. 그런데 많은 사람들이 세계의 역사를 엮어 온 이들은 전적으로 남자들 이었다고 착각錯覺을 하고 있다.

그러나 결코 그렇지 않다는 것을 말하려고 한다. 수많은 여자들이 남자들이 쓰러져 갈 때 그들에게 재기분발^{再起奮發}의 힘을 실어 주고, 어떤 때는 직접 일어서서 나라를 위기에서 건져 내기도 하고, 세계사의 명맥을 이어주기도 했다.

그러한 이야기들을 다 하려면 끝이 없을 것이다. 동서고금을 막론하고 역사의 맥은 남자들보다는 여자들이 더 강했다고 자신^{自信}있게 말하고 싶다.

지금도 역사는 남자들이 아닌 여자들에 의해서 돌아가고 있다는 것을 실감하고 있다. 그런데 문제는 책임소재^{責任所在}이다. 잘된 것들에 대해서는 당연히 여기고 넘어가 버리나, 잘못된 것들에 대해서 여자에게 책임을 전가하고 회피하는 것은 여전히 해결해야 할 문제 점이다.

"암탉이 울면 날이 새지 않는다."라고 하는 말이 있다. 여자는 여자이기 때문에, 여자가 해야 할 역할과 몫이 따로 있다는 것을 염두에 둔 지극히 성차별적인 표현이다. 이렇게 여성이 가진 수많은 가능성을 제한하며 그 한계를 법칙처럼 정의내리는 구시대적인 가치관은 여성들 개개인이 가진 무한한 힘과 능력을 한없이 깎아내리며 많은 여성들을 무력화하고 있다.

그러나 우리는 이러한 편협한 잣대에 흔들리거나 약해지지 말고, 스스로의 힘과 가능성을 믿으며 앞으로 나아가야 한다. 과거의 수많은 여성들이 그러하였듯이.

미래의 역사를 새롭게 만들기 위해서 우리 여성들의 역할은 무엇 인지, 앞으로 어떻게 나아가야 할 것인지에 대해 시야를 조금 더 넓혀 세계사 속 강(强)한 여성들의 이야기를 통해 정리해 보고자 한다.

01

교육의 선구자, 맹자의 어머니

맹자(孟子: BC 372-289년경)는, 중국의 역사를 통해서만이 아니라, 세계사 속에서 특출한 유가儒家의 대사상가大思想家요, 교육教育이라는 단어를 가장 먼저 말한 교육자教育者요, 정치적政治的인 이론가理論家요, 공자(孔子: BC 551-479)의 사상思想을 계승하여 발전시킨 위대한 인물이다.

맹자는 주장하기를, 사람은 본래 태어날 때부터 선하게 태어난다고 하는 그의 성선설性善說을 비롯하여, '측은지심惻隱之心이 인지단仁之端이요, 수오지심羞惡之心이 의지단義之端이요, 겸양지심謙讓之心이 예지단禮之端이요, 시비지심是非之心이 지지단智之端'이라고 하는 사단설四端說을 들어서 인의예지仁義禮智를 설명했다.

그리고 맹자는 '교육'이라고 하는 말을 처음 말한 사람으로서 교육의 이론을, '천명지위성天命之謂性 솔성지위도率性之謂道 수도지위교修道之謂教'라고 하여, 교육의 최대 목표는 사람마다 처음에 타고난 천성天性의 성품을 도道라 하고, 이 도를 배우는 것이 곧 교육이라고 했다.

본래 맹자의 본명은 맹가孟軻였다. 그는 전국시대戰國時代에 노魯나라에서 태어나서 제諸나라와 송宋나라 등을 두로 돌아다니면서 계몽 운동啓蒙運動을 벌이다가 말년에는 오직 제자들을 위한 교육에만 몰 두하다가 일생을 마친 대사상가요, 유가의 위인偉人이었다.

그런데 이토록 유명한 역사적인 인물이 그저 등장한 것이 아니라, 맹자를 맹자 되게 한 배후에는 그의 어머니가 계셨기 때문이라는 것을 우리는 알고 있다. 안타까운 것이 있다면, 이토록 역사적으로 유명하고 훌륭한 아들을 길러낸 그의 어머니에 대한 구체적인 기록이 없다는 점이다.

그러나 맹자를 말하기 위해서는 그의 어머니를 빼놓을 수가 없기 때문에 그녀가 행한 행적行績의 일부나마 소개할 수 있다는 것으로 만족해야겠다.

맹자 어머니의 삼천지교

아마도 맹자는 일찍이 아버지를 여의고 홀어머니 밑에서 어렵게 살아온 것으로 이해된다. 물론 그가 태어났을 때가 전국시대戰國時代였으니 아마도 그의 아버지는 어떤 전쟁戰爭에 참전했다가 전사戰死했거나, 일찍이 병사病死한 것으로 짐작된다. 그런데 중요한 것은, 맹자를 그토록 훌륭한 아들로 길러낸 그의 어머니에 대한 상세한 기록이 없다는 사실이다.

그의 어머니가 맹자를 가르칠 때 행했던 삼천지교三遷之教와 단지 기훈斷地機訓에 대한 것은 오늘날까지도 잊지 못할 가르침을 주고 있다. 맹자 어머니의 삼천지교는 교육教育의 장場으로서 교육환경教育環境이 얼마나 중요한 것인가를 알게 한다.

그녀는 어린 아들과 함께 먹고 살아가기 위해서 처음에는 자기가 장사를 하는 시장가에 셋방을 얻어, 아이는 집에서 놀도록 혼자 남겨 두고, 날마다 시장에 나가서 장사를 했다. 그런데 어린 맹자가 입만 열면 하는 말이, "떡 사시오, 고기 사시오, 배추 사시오, 무 사시오." 등 한다는 소리가 장사꾼들이 외치는 소리뿐이었다. 심지어는 잠을 자다가도 꿈속에서 하는 말이 역시 장사꾼들의 소리와 전혀 다르지 않았다.

'안 되겠다. 더 이상 여기에서 살다가는 아이를 버리고 말겠다.'

이렇게 생각한 맹자의 어머니는 일부러 시장市場과는 멀리 떨어져 있는 큰 산 밑으로 이사를 가게 되었다. 큰 산 밑으로 이사를 가면 어린아이가 장사꾼들의 소리를 못 들으니까 조용히 사색思索이나 명상瞑想을 하면서 맑은 공기를 마시고 더 건강하고 바르게 자랄 것이라고 믿었다.

그런데 또 이것이 웬일인가?

"엄마, 엄마, 나 오늘 아주 좋은 구경을 했어."

"아니, 좋은 구경이라니?"

"사람이 죽어서 상여가 오는데 사람들이 목소리를 맞춰서, '얼널널 상사뒈야, 얼널널 상사뒈야'라고 불렀어."

"그것은 또 무슨 소리야?"

"그런데 그 상여의 뒤를 따라오는 사람들이 부르짖는 소리가, '아이고, 아이고'하면서 슬피 우는데, 아마도 죽은 사람의 가족들인가 봐."

"그런 소리 들으면 안 돼!"

"엄마, 왜 안 되는 거야?"

"그런 건 좋은 소리가 아니야, 그런 소리를 따라 해서는 안 돼."

큰 산 모퉁이를 돌아서면, 공동묘지共同墓地가 있었는데 그곳에서 매일 상여꾼들이 지나가는 것을 구경하면서 자라게 된 맹자는 거의 입에 붙을 정도로 상여꾼들의 소리에 익숙해져 갔다. 맹자의 어머니에게는 또 다른 걱정거리가 생긴 것이다. 하나밖에 없는 외동아들을 이곳에서 길렀다가는 배울 것이 전혀 없다는 것을 알았다.

그리하여 그녀는 깊은 생각 끝에 이번에는 서당書堂이 있는 마을을 선택하여 일부러 서당에서 가까운 곳의 방을 얻어 학생들이 글을 읽는 소리가 바로 들려오는 곳으로 이사를 갔다. 그 후로 어린 맹자의 놀이가 전혀 달라지기 시작했다.

"하늘 천天, 땅 지地, 검을 현玄, 누를 황黃, 집 우宇, 집 주宙, 넓을 홍洪, 거칠 황荒…."

"천고일월명天高日月明이요, 지후초목생地厚草木生이라…."

아무 뜻도 모르고 하는 소리였지만 그래도 어린아이가 하는 말이 글 읽는 소리뿐이었다. 글자도 모르고, 뜻도 모르면서 입만 열면 글을 읽는 소리를 냈다. 맹자의 어머니는 내심 기쁘고 마음이 흐뭇했다.

"아, 여기다. 내가 찾고 있던 곳이 바로 여기다."라고 마음속으로 기뻐했다. 그리고는 이곳에 자리를 잡고 아들을 가르쳐 나가야겠다고 다짐했다.

"너, 여기에서 사는 것이 어떠니?"

"어머니, 참 좋습니다."

"무엇이 그리 좋니?"

"서당에서 아이들이 글을 읽는 소리가 참 좋아요."

"그래, 너도 서당에 가서 글공부를 하고 싶니?"

"어머니, 저도 서당에 가서 글을 배우고 싶어요."

이렇게 하여 서당에 가게 된 맹자는 처음부터 아주 영특할 뿐만 아니라 어찌나 열심히 글공부를 하는지 그의 어머니가 놀랄 정도였다. 그럴 것이 입만 열면 글 읽는 소리였고, 자기도 서당에 가서 글공부를 하고 싶다고 했으니, 서당에 들어가기가 바쁘게 그의 실력은 다른 사람에게 비할 바 없이 빠르게 발전해 나갔다.

사람은 환경의 영향을 전혀 배제할 수 없다. 더구나 교육의 장場으로서 교육환경은 교육의 실상 이상으로 중요하다. 바로 이에 대한 것을 맹자의 어머니가 생생하게 증언해 주고 있다.

많은 사람들이 현대 여성들의 교육 수단은 오직 돈이고, 치맛바람이라고 잘못 생각하고 있는 것 같은데, 참 교육과는 너무도 거리가 멀다고 생각한다. 맹자의 어머니의 삼천지교는 교육의 장으로서, 교육 환경을 어떻게 조성해 주어야 하는가를 알게 해준다.

맹자 어머니의 단지기훈

맹자의 어머니의 삼천지교가 교육환경에 대한 외적인 것이라고 한다면, 여기에서 말하려는 단지기훈은 교육을 위한 심리학적心理學的이고 내적인 방법이라고 할 수 있을 것이다. 그것은 맹자의 어머니와 아들 사이에 있었던 일들을 생각해 보면 잘 알 수 있다.

맹자가 그토록 글공부에 열심인가 했더니, 어느 날부터 갑자기 글공부를 게을리 하게 되었다. 거기에는 그럴만한 이유가 있었다. 어린 맹자는 서당에서 선생이 가르쳐 준 글을 그날그날 다 외워 버렸다. 습관적으로 그렇게 하니 같이 글공부를 하는 학생들이 그를 따라오는 사람이 한 명도 없었다. 그런데도 선생은 그 학생들을 위해서 반복적으로 되풀이해서 가르쳤다.

맹자는 그것이 짜증스럽고 싫었던 것이다. 처음에는 참고 기다려 주기도 했으나, 그런 일이 날마다 되풀이되니, 결국에는 서당에 가는 것이 싫어졌다. 그러한 아들의 태도를 지켜보던 그의 어머니가 한번은 맹자를 불러 앉히고 타일러 보았다.

"너, 요즘 서당에 가는 것을 싫어하는 것 같은데 무슨 까닭이냐?"

"글쎄요, 날마다 서당에 가고 있어요."

"네가 서당에 가기는 하는데, 어쩐지 옛날과 같지 않은 것 같아서 하는 말이다."

"어머니, 염려하지 마세요. 열심히 잘 다니겠습니다."

맹자의 어머니는 일단 아들의 말을 믿고 한 번 더 지켜보기로 했다. 그리고는 밤늦게 가만히 그의 방문 곁으로 가서 아들이 무엇을 하고 있는가를 살펴보았다. 그런데 옛날 같으면 아직도 열심히 책을 펴 놓고 글공부를 하고 있어야 할 아들이 깊은 잠에 빠져 있는 것이 아닌가. 다음날 아침에 그의 어머니는 아들에게 물어 보았다.

"너, 어젯밤에는 일찍이 잠을 잔 것 같은데 어디 몸이라도 불편한 것이 아니냐?"

"아닙니다. 몸이 좀 피곤해서 일찍이 불을 껐을 뿐입니다"

그러나 아들에 대해서 유심히 관심을 가지고 살펴 본 맹자의 어머니는 날이 갈수록 그의 글공부가 옛날과 같지 않고 게을러진다는 것을 알게 되었다.

그러던 어느 날, 아들이 밖에서 돌아왔을 때, 마침 그의 어머니는 베틀에 올라앉아서 베를 짜고 있었다.

"어머니, 다녀왔습니다."

"응, 어서 오너라."

맹자가 방문을 열고 들어오자, 그의 어머니는 베틀에서 내려오지도 않고 그대로 곁에 있는 손가위를 챙겨 들고는 짜던 베를 칼로 잘라 버렸다. 무심결에 이를 지켜보고 있던 맹자는 어머니에게 달려들면서 어머니의 손을 붙들고, "어머니, 왜 그러십니까?"라고 물었다.

"이 손을 놓아라. 나도 베가 짜기 싫어져서 그렇다."

"아니, 베를 짜는 것이 싫어서라니요? 그것이 무슨 말씀입니까?"

"네가 글공부를 하다가 싫다고 해서 안 하는 것이나, 이 어미가 베를 짜다가 싫어져서 베를 잘라 버리는 것이나 무엇이 다를 것이 있겠느냐? 그렇지 않느냐?"

맹자는 그제야 어머니께서 하시는 일을 알아차렸다. 그리고는 어머니의 손을 붙들고 울면서 어머니에게 용서를 빌었다.

"어머니, 제가 잘못했습니다. 다시는 놀지 않고 열심히 글공부를 하겠습니다. 제발 노여움을 풀어 주십시오."

그렇게 해서 두 모자는 서로가 부둥켜안고 한바탕 울었다.

비로소 맹자는 그의 어머니의 참뜻을 알았고, 그 후로는 평생토록 어머니가 행하신 삼천지교와 단지기훈의 뜻을 받들어서 절세의 유학 자儒學者요, 대사상가요, 절세의 교육자로서 길이 남을 위인이 되었다. 지금까지 사람들은 맹자에 대해서는 너무도 잘 알면서, 그를 기르신 어머니에 대해서는 이름도 성도 모른 채, 겨우 '맹모孟母의 삼천지교'니, 또는 '맹모의 단지기훈'이니 하는 정도로 인용하고 있을 뿐이다.

그러나 맹자의 어머니는 그처럼 훌륭한 아들보다도 대단한 인생으로서 아들에 대한 것을 미리 보았고, 미리 알았다. 그뿐만 아니라 세상을 보는 눈도 아들 맹자보다 한발 앞서 있었다. 그리고 무엇보다 그의 어머니는 아들 맹자보다 훨씬 강했으며, 여자로서의 강함을 유 감없이 보여줬다.

여기에서 현대의 어머니들에게 조심스럽게 한마디의 충언을 드린다. 즉, 서둘러서 아이들에게 조기교육早期教育을 시키게 되면, 학교교육과 균형이 무너지게 되고 그 아이는 자연히 학교교육에 나태해지게 된다. 아이가 교육에 나태해지게 되면 자연스럽게 나쁜 아이들과 어울리게 되고, 그 다음에는 철부지 범죄의 소굴에 빠져들게 된다. 그러므로 지금까지 열심히 공부를 하던 아이가 갑자기 나태해진다면, 부모들은 그 이유를 심각하게 알아내서 먼저 해결해 주어야 한다.

맹자 어머니와 유대인 어머니의 교육

지금 지구상에는 약 75억이라는 사람들이 뒤얽혀서 꿈과 같은 과학 문명科學文明의 혜택惠澤과 물질적物質的인 돈의 부富에 취해서 세상이 어떻게 돌아가고 있는지조차 모를 정도로 취생몽사醉生夢死의 경지에 빠져들고 있다. 그러면서도 한결같이 하는 말이 있다면, "이렇게 해 서는 안 될 것인데…?"라는 염려 섞인 말을 서슴없이 한다.

지금 세계의 인구를 75억이라고 하지만 그들 한 사람, 한 사람 모두가 여자들이 낳은 아들이요, 딸들이다. 그렇다면, "이렇게 해서는 안 될 것인데?"의 답은 역시 사람을 낳은 어머니로서의 여자들이 가지고 있다는 것을 알 수 있다.

아무리 세계의 역사가 남자들에 의해서 움직여진다고 말할지라도, 그 남자를 낳은 것은 여자라는 어머니이기 때문이다.

세상을 바꾸는 한 가지의 방법이 있다면, 맹자의 어머니가 행했던 삼천지교나, 단지기훈 같은 교육적教育的인 방법이 있다. 교육은 사 람을 사람답게 만드는 방법이기 때문이다. 그런데 세계적인 '영재교육英才教育의 어머니'라고 하면, 유대인 어머니들의 교육을 말하게 된다. 그래서 여기에 맹자의 어머니와 함께 간단히 유대인 어머니들의 교육을 말해 보려고 한다.

우리들이 잘 아는 대로, 세계에서 가장 자랑스러운 노벨상賞을 받은 사람들을 종족별種族別로 보면 유대인이 거의 19% 이상을 차지하고 있다는 것을 알 수 있다.

1945년 제2차세계대전이 끝난 후, 유대인들이 모여서 세운 나라가 바로 지금의 이스라엘이다. 1948년 5월, 영국의 통치 아래 있던 폴란드 태생의 유대인 벤 구리온(David Ben Gurion: 1886-1973)이라는 사람이 텔아비브에서 이스라엘의 독립을 선언하고, 초대 총리가 됨으로써 팔레스타인의 좁은 지역에 이스라엘 공화국共和國을 세우게 되었다.

지금도 이스라엘 나라의 인구人口라고 해 봐야 겨우 350만 내외에 불과하지만 세계의 강대국들을 임의로 움직일 수 있는 두뇌頭腦와 재력財力을 가진 나라로 인정받고 있다.

정확하게 말해서 유대인들은 기원 70년 9월, 로마의 점령군에 의해서 예루살렘 성전聖殿이 불타 버리고, 나라가 망한 후에 무려 1878년 간이나 나라도 없이 떠돌았던 종족들이었다. 그러나 그들은 하나님의 선민選民이라는 자존심과 종교적인 신앙심을 중심으로 버텨 왔던 특유의 민족으로 이해된다. 그리하여 그들은 선민사상選民思想을 중심으로 한 신앙심과 함께 유대인 특유의 교육으로 유대인의 혼魂을 지켜 왔다.

물론 유대인들에게는 교육을 담당하는 랍비Rabbi가 있다. 그러나 이들은 구약 성경이나 토라를 가르치는 선생으로서 종교적인 교육자로 이해되지만, 일단 유대인으로 태어나면 어린 아이들의 교육은 우선적으로 그들의 어머니가 맡게 되어 있다.

유대인 어머니들의 교육은 너무도 철저하다. 공통된 구호口號가 있다면, "너는 너다. 너는 너다워라."라고 하는 것이 있다. 이 말은 아주 간단한 말 같으면서도 너무도 깊은 뜻을 가지고 있는 말이다. 즉, 자아自我의 존재가치存在價値의 절대성絶對性을 드러내는 말로서, '나'라고 하는 자아의 존재는 그를 낳아 준 부모를 닮아서도 안 되고, 어느 누구와 같아서도 안 되는 나만의 존재로, '나'는 '나다워야 한다'는 의미이다. 어느 누구와도 비교해서는 안 될 절대적인 자아로서 자기를 만들어나가야 한다는 것. 바로 이것이 유대인들의 교육이다.

그러한 유대인 어머니들의 교육이 결국 그들로 하여금 어떠한 시련과 역경에도 살아남는 방법을 가르치게 되어 유대인의 뿌리를 이어 오게 했다.

동양사東洋史를 통해서 여성 교육자를 말하라면, 중국에서는 맹자의 어머니를 들 수 있고, 우리나라에서는 율곡의 어머니 신사임당을 말할 수 있을 것이나, 보편적인 의미에서 볼 때 유대인 어머니들의 교육을 따라갈 수 없지 않을까 생각된다. 그것은 교육 이상으로 강해야 살아남을 수 있다는 혼魂을 심어 주었기 때문이다. 그리하여 우리 나라도 어머니라는 여인들이 일어나서 우리 사회社會의 잘못된 것들 을 고쳐 나가려는 마음만 먹으면 못할 것이 없다는 말을 하고 싶다.

유대인 어머니들의 교육을 논함에 있어서, 또 하나 이야기를 하고 넘어가야 할 것이 생각난다. 미국에 대한 이야기이다.

북미 대륙大陸을 처음으로 발견한 사람은 포르투갈의 탐험가探險家 크리스토퍼 콜럼버스(Christopher Columbus: 1451-1506)로 알려져 있다. 그러나 1620년 11월 말, 한 무리의 청교도들이 신대륙으로 건너 와서 개척하여 세운 나라가 곧 북미합중국北美合衆國 즉, 미국인 것을 모르는 사람은 없을 것이다. 그들은 자유(自由, Freedom)와, 정의(正義, Justice)와, 평등(平等, Equality)이라는 세 가지 원칙을 기준하여 현 대 민주주의라는 정치철학을 발전시켜 나갔다.

오늘날, 미국이 무엇으로 보든지 전 세계에서 제일가는 나라라고 하는 것을 의심할 사람은 없을 것이다. 그런데 여기에서 말하려고 하는 것은 미국이라고 하는 나라의 재정력財政力에 대한 것이다. 미국 은 같은 뿌리를 가진 국민도 없고, 그 나라의 국어도 없는 나라로서, 전 세계의 사람들이 몰려와서 함께 일구어 낸 나라이다. 세계의 각색 인종들이 모여서 50개의 나라를 이루었고, 또 이들 50개의 나라 가 하나로 얽혀서 이룬 연방국가聯邦國家인데, 그들의 재정력에 대해 말하고자 한다.

미국의 인구를 어림잡아 3억 정도로 보는데, 이들 나라에서 유대인은 겨우 800만 명 정도에 불과하다. 그런데도 이들이 전 미국의 80%에 해당하는 경제력經濟力을 가지고 나라를 좌우하고 있다. 미국의 자 금력이 전 세계의 연합기구인 UN총회의 자금력까지 지배하고 있음을 따져 보면, 결국 유대인의 자금력에 의해 지배되고 있다는 이론이 성립된다고 할 것이다.

그런데 여기에서 이러한 말을 하게 된 것은, 유대인 어머니들의 교육에 대한 것을 말하기 위함이다. 교육을 통해서 학자만 길러 내는 것이 아니라, 사업가事業家와 사상가思想家도 길러 내는 교육의 힘에 대해 말하기 위함이다.

어머니라는 여자의 몫

현대인들은 누구나 개인에게는 '스마트폰'이 들려져 있고, 집에 가면 '컴퓨터'가 준비되어 있다. 그리고 '인터넷'이라는 기계 매체를 통해서 모든 여론與論을 조성해 나가고 있다. 참으로 편리한 세상인 것 같다. 그러나 염려되는 것이 한두 가지가 아니다. 염려라기보다는 그로 인하여 다가오는 위기를 어떻게 극복해야 할 것인가를 생각하게 된다.

스마트 폰이나 컴퓨터는 주로 젊은 세대를 중심으로 널리 활용되고 있다. 그러므로 스마트 폰이나 컴퓨터를 이용하지 않는 사람들은 귀머거리요, 벙어리처럼 굿이나 보고 지내야 한다. 깊은 뜻을 가지고 있거나, 인생의 경륜을 더 깊이 가진 사람들은 스마트 폰을 사용하지 않고, 인터넷을 할 줄 모르고 있기 때문에 철저히 소외당하고 있다.

날이 갈수록 고령화高齡化 시대로 가고 있다고 하면서, 인생의 경륜이 깊은 늙은 세대는 완전히 배제되고, 전혀 세상 경험이 없는 어린 세대들을 중심으로 세상사世上事가 이루어져 가고 있다면, 그 다음에 올 것은 무엇이라고 생각하는가? 한번쯤은 돌이켜 보아야 한다. 그 다음에 따라오는 말은 '돈'이다. 경제논리經濟論理만으로 사람으로서의 참된 가치관價値觀은 실종失踪되고 말았다.

정치政治를 중심으로 이루어진 사회의 앞날이 어둡기만 하다. 맹자의 어머니의 삼천지교와 단지기훈 같은 교육적인 방법이 그립다. 유 대인 어머니들의 교육과 같이 참된 가치관의 교육이 아쉽다. 이 일을 해낼 수 있는 사람이 바로 어머니라는 여자의 몫이라고 믿는다.

'어머니라는 여자는 강强하니까…!'

02
영국의 국모, 엘리자베스 1세

누가 무슨 말을 하든지, 영국을 영국으로 만든 사람을 말하라
고 하면 엘리자베스 1세 여왕을 말할 것이다. 나는 그렇게 믿고
있다.

엘리자베스 1세(Elizabeth I: 1533-1603) 여왕은, 1534년 유명한 수
장령首長令을 발표하여, 로마의 교황정치敎皇政治에서 벗어나, 기
독교基督敎를 영국의 국교로 정하고, 영국이라는 나라를 교황청
敎皇廳의 지배에서 벗어나게 한 헨리 8세(Henry VIII: 1509-1547) 왕의
둘째 딸로 태어났다.

그 당시에 왕의 딸이면 공주公主로서 마땅히 왕권을 승계承繼할
자격을 가지고 있었는데도, 그녀의 인생역정人生歷程은 너무도
험난하여 그렇게 순탄하지가 않았다.

엘리자베스 1세 여왕은 너무도 험난하고 어려웠던 수많은 곡절을 딛고, 스스로 일어섰다는 입지전적立志傳的인 사실 외에도, 영국이라 는 나라와 세계사적인 기여도가 너무나 컸기 때문에, 전 세계 여성들의 강인성强靭性을 대표하는 여걸이요, 여장부女丈夫라고도 할 수 있을 만큼 자랑스러운 인물이다.

엘리자베스, 그녀는 불가능하리라고 생각했던 모든 일들을 가능可能으로 바꾸었을 뿐만 아니라, 모든 것들을 성취成就해낸 강인한 여자였다는 것을 말하고 싶다.

영국의 왕, 헨리 8세의 둘째 딸

헨리 8세는 그의 형수兄嫂로서 일찍이 미망인未亡人이 된 캐서린 Catherine을 연모하여 주위의 만류에도 불구하고 그녀와 결혼하여 메리Mary라는 딸을 낳았다. 그러나 얼마 못 가서 교황청의 온갖 설득說得과 회유懷柔에도 불구하고 캐서린과 이혼을 하고, 둘째 왕비로 앤 불린Anne Boloyn과 재혼을 한다. 그러므로 엘리자베스는 헨리 8세 왕 과, 두 번째 왕비 앤 불린 사이에서 태어난 둘째 딸이었다.

그러나 또 얼마 못 가서 엘리자베스의 어머니가 처형處刑당해서 죽게 되고, 엘리자베스는 왕위 계승권을 박탈당하는 고난을 겪는다. 그 후로 그녀는 거의 감금 생활을 하다시피 밀폐된 공간에 갇혀 살면서 실의에 빠진 채 장장 25년간을 살아야 했다.
헨리 8세 왕은 세 번째 왕비로 제인 시모어Jane Seymour와 결혼하
여 아들 에드워드 6세 Edward VI를 낳는다.

1547년, 왕이 승하하자 그동안 숨어 살던 첫째 딸, 메리가 37
년 동안 복수의 날을 기다려 오다가 부왕父王의 승하昇遐로 1553
년에 왕위에 오르게 된다.

메리 여왕은 왕위에 오르기가 바쁘게 우선 자기 아버지 때에
발표 했던 수장령을 폐기하고, 자기 신하들을 이끌고 교황청에
가서 교황敎皇 앞에 무릎을 꿇고 사죄한 후, 다시 로마 교황청과
의 관계를 회 복했다.

그 다음에는 '피의 메리Bloody Mary'라고 하는 악명惡名이 따를
정도로 잔학하여 개신교改新敎의 사람들을 비롯하여 정치적으로
자기에게 반대했던 사람들을 가차 없이 잡아 죽였다. 메리의 살
생이 얼마나 심했던지, 스페인에서 온 그녀의 남편까지도 아내
를 피하여 자기의 본국으로 돌아가 버릴 정도였다. 그러는 동안
에 엘리자베스의 삶이 어떠하였을 것인가에 대해서는 거의 상
상도 할 수 없는 불안과 공포의 나날이었을 것임을 미루어 짐작
케 한다. 그러나 1558년에 메리 여왕도 죽음을 맞는다.

공주, 왕위에 오르다

엘리자베스는 장장 25년간을 숨소리조차 크게 내지 못하고 숨어서 살다가 메리여왕이 죽은 1558년이 되어서야 25세의 처녀로 왕위에 오르게 되었다. '쥐구멍에도 해 뜰 날 있다'고 하는 말이 아마도 엘리자베스를 두고 하는 말인지도 모를 일이다.

엘리자베스는 왕위에 오르자마자 우선 그녀의 이복異腹 언니 메리 여왕에 의해서 폐지되었던 수장령을 다시 복원復元하고, 로마 교황청과의 수교修交를 끊고, 새로운 영국 교회의 예배통일령禮拜統一令을 발표하여, 국교를 중심으로 영국의 통일 기반을 강하게 구축했으며, 청교도주의자淸敎徒主義者들을 대거 입각시켜서 새로운 개혁정치改革政治를 베풀어 나가기로 했다.

피의 여왕 메리가 죽고, 그 뒤를 이어서 왕위에 오른 엘리자베스 여왕은 우선 민심民心을 다독거리면서 평화정책平和政策을 펴나갔으므로 백성들의 마음이 그녀에게로 쏠리게 되었다. 그리고 종교적으로도 로마 교황청의 지배에서 벗어나면서 개신교를 대표한 청교도주의자들은 해방감解放感을 가지게 되었으므로 모두가 엘리자베스 여왕을 환영하고 존경했다.

엘리자베스 여왕이 이렇게 선정을 베풀게 된 것은 이복 언니인 메리 여왕의 독재獨裁와 무차별적인 살상으로 인해 백성들의 마음이 흐트러져 있었기 때문에 이를 달래기 위함이라고도 할 수 있었다. 그리고 그녀가 소리 없이 숨어살던 시절을 생각하면

왕이 된 것은 꿈과 같은 일이었고, 참으로 하나님의 크신 은혜라고 생각하여 그녀는 어떠한 어려움도 참고 이겨내는 자기 나름대로의 교양을 쌓아 올렸기 때 문에 백성들을 아끼고 사랑하는 마음이 가득 차 있었다.

엘리자베스 여왕은 자신이 겪어 온 쓰라린 인생의 역정歷程을 다른 사람들에게는 전해 주지 않기 위해서 백성들을 아끼고, 약자들을 돌보았다. 그러면서 로마의 교황정치에서 벗어나서 영국만의 독립국가로서 선정을 베풀어 나갔고, 로마 카톨릭 교회에서 벗어나서 개신교 운동의 기회를 베풀어 주었다.

그러나 기독교가 영국의 국교가 되면서, 성경적인 기독교 운동이 아니라, 정치적인 기독교 운동을 하게 되었다는 약점을 노출하기도 했다. 이렇게 된 것은 앞으로의 기독교 운동이 청교도 혁명으로까지 발전하는 역사적인 계기가 된다. 하지만 이로써 엘리자베스 1세 여왕은 영국 국민들에게 환영과 존경을 받았을 뿐만 아니라, 개신교의 사람들에게도 절대적인 지지를 받게 되었다.

스페인의 침공과 전쟁

엘리자베스 여왕은 왕위에 오른 직후인 1558년 7월, 교황청의 사주使嗾를 받은 스페인의 함대艦隊가 침공해 오면서 뜻하지 않은 전쟁戰爭을 치르게 되었다. 즉, 바다 건너 대륙에 자리하고 있던 스페인에서 149척의 전함戰艦에, 수병水兵 8천 명과, 2만 명의 전사戰士들을 태우고, 2천 5백 문의 대포大砲로 무장하여 알마다 전함을 중심으로 영국 앞바다에까지 쳐들어왔다.

이에 영국에서는 8천 척의 전함을 동원하여 드라크 장군將軍으로 하여금 스페인군과 맞서서 싸우게 했다. 이 싸움은 영국과 스페인의 두 나라가 전쟁을 했다는 것보다도 역사적으로 지닌 뜻이 너무도 큰 대전大戰이었다. 영국이라는 나라가 스페인에 의해서 완전히 패망하느냐, 그렇지 않으면 살아남을 수 있느냐 하는 문제 외에, 기독교가 로마 교황청의 지배 아래 다시 귀속歸屬하느냐, 아니면 성경적인 기독교 운동을 펴 나갈 수 있을 것이냐 하는 중대한 문제가 걸린 전면 적인 전쟁이었다.

그러므로 청교도들은 일치단결하여 엘리자베스 여왕을 도와 스페인과의 전쟁을 위하여 힘써 싸웠다. 우선 나라를 지켜야 하고, 성경적인 신앙을 유지해 나가기 위해서는 스페인과의 전쟁을 꼭 승리로 이끌어야 했기 때문이었다.

그 결과, 스페인군은 영국군에게 대패大敗하여 퇴패退敗하게 되었다. 그런데 스페인군이 자기 나라로 돌아갈 직선로直線路를 영국군이 차단했으므로 하는 수없이 퇴로를 멀리 북쪽으로 돌아가게 되었다. 그런데 또, 이것이 무슨 재난인지 때마침 불어오는 태풍颱風을 만나서 스페인의 전함들이 다 파선破船당하고 겨우 50척의 전함만이 자기 나라로 돌아가게 되었다.

이렇게 영국과 스페인의 전쟁은 영국의 승리勝利로 끝이 났다. 그리고 이 전쟁의 결과로 세계의 역사가 바뀌는 계기가 되었다. 즉, 영국은 스페인과의 전쟁에서 승리하면서 우선 대서양大西洋의 해상권海上權을 장악하게 되고, 영국의 영토領土를 확장하여 "영국의 영토는 해가 떠서 지는 일이 없다."라고 할 정도로 전 세계에 광활廣闊한 영토를 확보하게 되었다. 캐나다, 인도, 오스트레일리아 등을 비롯하여 아 프리카와 그린란드, 그 외에도 세계 여러 곳에 수많은 영국의 영토를 가지게 된 것이다. 그리고 유럽의 여러 나라들이 교황의 지배에서 독립하여 자유로운 나라로 발전할 수 있게 되었다.

또한, 종교적으로도 기독교는 로마 교황이 지배하는 카톨릭 교회의 독주獨走에서 완전히 해방하여 자유롭게 개신교 운동을 활발히 진행 할 수 있게 되었다. 스페인과 영국의 전쟁이었으나, 그 결과는 인류 역사의 엄청난 변천變遷을 가져오는 계기가 되었다. 그리고 한낱 여 자에 불과했던 엘리자베스 1세 여왕은 군왕君王으로서 가져야 할 정치적政治的인 품격을 길러 나가는 계기가 되었다.

절대주의와 청교도 운동

헨리 8세 왕에 의해서 발표되었던 수장령은 단순히 교황청의 지배와 간섭을 받지 않는다는 정도가 아니라, 좀 더 적극적으로 영국의 국권과 종교권宗敎權의 모든 것을 영국의 국왕國王에게로 귀속시킨다는 것으로서, 영국의 국왕은 정치적으로나 종교적으로 모든 권한을 다 갖는다는 것이었다.

당시에는 영국에서 교황청에 의무적義務的으로 세금稅金을 내야 했 고, 왕이 되려는 자는 교황의 승인을 받아야 비로소 대관식戴冠式을 하고, 왕위에 오를 수 있었다. 그리고 영국의 내정內政에 대한 것은 물론, 심지어는 국왕의 사생활私生活까지도 교황의 간섭을 받아야 했다.

그 이유는 간단하다. 아무리 한 나라의 국왕이나 최고의 통치권 자統治權者라고 할지라도, 카톨릭 교회의 신앙을 고백한 자들은 교황의 권하權下에 속해 있으므로, 이 지상에서 최고 통치권 자는 오직 교황 한 사람이 있을 뿐이라는 그들의 주장이 있기 때문이었다.

그런데 1534년에 발표한 헨리 8세 왕의 수장령은 교황청에 정면으로 반항하는 것으로, 영국의 국왕이 정치적으로나 종교적으로 독자적인 최고권最高權을 갖는 것이었다. 그리하여 정치적政治的인 것만이 아니라, 기독교基督敎를 영국의 국교로 정하여 국왕의 통치하統治下에 묶어 둔다는 것이었다. 바로 이것이 우리가 말하는 절대주의絶對主義라는 것이다.

이를 긍정적으로 볼 때에는 당연하고 잘한 것 같으나, 기독교의 입장에서 볼 때에는 성경의 진리와 동떨어진 진리眞理에 역행逆行하고 반反하는 것이었다. 그런데도 엘리자베스 1세 여왕은 수장령을 복원 시켰을 뿐만 아니라, 예배의 통일법까지 만들어서 교회의 예배까지도 간섭하게 되었으니, 청교도주의자들의 반발을 살 수밖에 없었다.

하나님의 절대영광絶對榮光, 하나님의 절대주권絶對主權, 하나님의 절대의지絶對意志라는 성경적 신본주의 신앙사상信仰思想으로 무장되어있는 청교도들의 입장에서 볼 때에는 엘리자베스 여왕이 내세운 절 대주의를 받아들일 수 없었던 것이다.

기독교 종교의 발전사는 참으로 험난하고 어려운 역정歷程이었다. 이렇게 엘리자베스 1세 여왕과 타협妥協을 하다가도 과감하게 돌아 서야 하는 경우가 잘 증언해 주고 있다. 이를 더 잘 이해하기 위해서는 우리나라의 현대사現代史에 한 획을 그었던, 1919년 3월 1일에 일어난 '기미독립만세 운동'의 민족대표 33명 가운데 기독교인이 무려 16명이나 되었다는 것을 알아야 한다.

기독교인 16명과, 천도교인 14명에, 불교인 3명으로 민족대표 33명이 구성되었다면, 이는 다원주의多元主義적인 의미에서 일어난 일이 아니라, 나라를 되찾기 위해 종교를 초월하여 민족적으로 하나가 되어야 하나, 종교적으로 볼 때에는 바른 진리를 따라가야 한다는 것으로, 어쩌면 청교도들의 사상과 일맥상통하는 것이었다고 할 수 있다.

현대판 기독교 지도자들의 정치적인 아부는 하나님의 진리를 거스르고 있다는 것을 명심해야 할 것이다. 그 진리만큼이나 엘리자베스 1세 여왕은 참으로 강强한 여자였다.

'진리를 알지니, 진리가 너희를 자유케 하리라.'(요8:32)

Then you will know the truth, and the truth will set you free.

03

성자 아우구스티누스의 어머니, 모니카

성 아우구스티누스(St. Aurelius Augustinus: 354-430)라고 하면, 라틴계의 교부教父들 중에서도 특출한 신학자神學者요, 사상가思想家요, 위대한 기독교의 지도자指導者로 통하는 역사적인 인물이다.

본래 아우구스티누스는 354년 11월 13일, 아프리카의 북쪽 타가스테에서 그의 아버지 파토리시어스Patorisius와, 그의 어머니 모니카 Monica의 사이에서 순수 라틴계의 아들로 태어났다.

어렸을 때부터 총명하고 영특했던 그는, 그의 고향과 마다우라, 카르타고 등지를 돌아가면서 그의 부친의 뜻을 따라 수사학修辭學을 공부했다. 그 이유는 법률학法律學과 철학哲學을 연구하기 위해서였다. 공부를 마치고 나서는 카르타고, 로마, 밀라노 등지를 두루 다니면서 강의를 하며 많은 제자弟子들을 길러냈다.

그런데 아우구스티누스는 어렸을 때부터 성격이 거칠고 과격한 편이었다. 그도 그럴 것이 그의 아버지가 군인軍人이었으므로 그도 다분히 군인의 기질에 물들어져 있었고, 이교도異敎徒의 한 사람으로 살면서 온갖 방탕한 생활로 일관했다. 그러나 그의 어머니는 경건한 신앙인이었으므로 아들을 착한 사람으로 기르고 싶었다. 그런데도 그는 좀처럼 어머니의 뜻을 따르지 않고 어머니의 가슴을 상하게 하며 애를 많이 태웠다.

수사학자修辭學者로서 당대의 세계를 주름잡았던 대학교수大學敎授 아우구스티누스는 종교적으로는 이교도의 한 사람이요, 그의 사생활은 음주방탕飮酒放蕩으로 유명했으니, 학자學者로서의 명성보다는 오히려 탕아蕩兒로서 뛰어났다고 해야 할 것이다. 그러했던 아우구스티누스가 사도 바울 이후 현대에 이르기까지 기독교 정통신학正統神學의 가교적架橋的인 역할을 한 희대의 성자聖者요, 신학자神學者가 되기까지는 그의 어머니 모니카라는 여자가 있었기 때문이다.

아우구스티누스의 어머니, 모니카라는 여자는, 사람들이 보기에는 언제나 울기만 하는 울보였고, 항상 아들에게 끌려 다니는 약하고 가냘픈 여자로만 비쳐졌다. 그러나 모니카는 학문을 한 아들보다 뛰어났고, 군인정신으로 무장된 그녀의 남편보다도 강했고, 기독교의 역사만이 아니라 세계사에 빛나는 아주 강한 여자였다.

그래서 여기에서는 장하고도 강한 성 아우구스티누스의 어머니, 모니카에 대한 이야기를 하려고 한다. 그리고 오늘날까지도 실감 나게 우리의 가슴을 뭉클하게 해 주는 성 아우구스티누스의 명저名著인 그의 『참회록(懺悔錄, The Confessions)』과 『하나님의 도성都城 The City of God』이라는 책을 반드시 한번 읽어 보라고 자랑스럽게 권해 드린다.

아들의 그림자를 따라다닌 여자

성 아우구스티누스의 어머니 모니카(Monica: 332-387)는 외유내강外柔內剛이라는 어려운 말보다 더 쉽게 말해서, 밖으로는 울보였으나, 그녀의 속은 철석鐵石보다 더 강한 여자였다. 아무도 해낼 수 없는 일을 기어이 해낸 자랑스러운 여자였다.

그녀가 그렇게도 강했던 것은 하나님을 향한 일편단심의 신앙심과 눈물의 기도祈禱때문이었다고 말할 수 있을 것이다. 일찍이 남편을 여의고, 외동아들 아우구스티누스를 바른 사람으로 만들기 위해서 그녀가 쏟아 부은 눈물의 기도와 어머니로서 아들에게 쏟아 부은 정성은 너무도 간절했다.

더구나 모니카는 어린 아들 아우구스티누스가 아닌 당대에 세계를 주름잡던 명교수名教授인 아들 아우구스티누스를 상대해야 했기 때문에 그녀가 겪은 고통과 수고와 정성은 말과 글로 다 표현하기 어려운 것이었다.

그러한 어머니의 참뜻을 모른 아우구스티누스는 지중해地中海를 중심으로 세계를 휘젓고 다니면서 어머니를 피해 보려고 온갖 수단을 다 썼다. 카르타고와, 로마와, 밀라노 등지로 두루 돌아 다녔던 것은, 악착같이 그를 따라다니면서 잔소리를 하는 어머니를 피하기 위한 것이었다.

그러나 아들을 성자로 만들어 놓겠다는 그의 어머니는 죽기 아니면 쓰러질 각오와 결심으로 아들을 따라다녔다. 그러나 어떠한 말을 하더라도 말로는 아들을 당해 낼 수가 없다는 것을 알았다.

"얘야, 너의 건강을 위해서라도 술을 좀 그만 마시면 어떻겠니?"

"어머니, 나야 술을 마시든 계집질을 하든, 나는 나의 인생을 살 테니까 좀 내버려 두세요."

"사람이 건강을 잃으면 모든 것을 다 잃는다는 것을 너도 잘 알고 있지 않니?"

"그런 것은 나도 다 알고 있으니까 제발 좀 나를 놓아주세요."

"나는 믿는다. 내가 하나님께 기도하면, 네가 반드시 하나님께로 돌아와서 새사람이 될 것을 믿는다."

"또, 또 그 소리요? 나는 이교주의異教主義의 한 사람으로 마니교의 신자라는 것을 알고 있잖아요?"

마니교란, 215년경부터 시작된 이단 종교의 한 종파宗派로서 마니Mani라는 사람이 12세에 하나님의 계시를 받았고, 276년에 십자가에 못 박혀서 죽었다고 한다. 이를 마니교라고 하는데, 이들은 이원론二元論을 믿으며, 기독교와 불교를 비롯하여 모든 종교들을 합성合成한 것으로서, 육체적이고 인격적인 구원을 믿는 종교를 뜻한다.

"애야, 제발 그런 말 그만하고 하나님께로 돌아와야 하지 않겠니?"

"제발 좀 그만하고, 어머니 일이나 하세요. 그리고 더 이상 나를 따라다니지 말고 집에서 살림이나 잘하세요."

모니카는 어떠한 말을 할지라도 아들이 자신의 말을 들어주지 않을 것이라는 것을 잘 알고 있었다. 아들과의 대화가 끊기고, 말로는 당할 수 없다는 것을 알게 될 때면 그 길로 가까운 예배당으로 달려가서 아 들을 위하여 기도를 하는 것으로 일관했다.

"하나님 아버지, 이 딸의 간절한 소원을 들어주시지 않겠습니까? 하나밖에 없는 내 아들 아우구스티누스가 하루 속히 회개하고 하나님께로 돌아오게 해 주세요. 반드시 그렇게 해 주실 것을 믿습니다…."

자식을 위한 눈물의 기도

아우구스티누스가 어머니를 피하기 위해서 이번에는 밀라노로 옮겨 갔을 때 있었던 일이다. 아들이 로마에서 밀라노로 갔다는 것을 뒤늦게야 알게 된 모니카는 수소문하여 어렵게 또 밀라노로 찾아갔다.

아들의 거처를 알아낸 그녀는 먼저 그곳에 있는 교회教會를 찾았다. 그런데 우연의 일치인지, 하나님께서 인도하심인지 저 유명한 암브로시우스Ambrosius 감독의 교회로 찾아가게 되었다.

본래 암브로시우스는 로마의 귀족 출신으로, 법률法律을 공부한 밀라노의 지사知事였다. 그런데 밀라노 교회 감독의 후임을 결정하는 과정에서 정통파와 아리우스파 사이에 분쟁分爭이 일게 되자 이를 수습하기 위해서 지사의 자격으로 연설을 하던 중, 어떤 이름 모를 어린 아이가, "암브로시우스를 감독으로 뽑아라."라고 소리치면서 그 자리에 모인 사람들 모두가 이를 하나님의 지시로 받아들이고 그를 밀라 노의 감독으로 추대하게 되었다.

테오도시우스Theodosius 황제가 데살로니가 원정遠征 때 죄 없는 백성들을 많이 죽였다고 해서 암브로시우스가 감히 황제를 출교黜敎시켰다가, 그의 참회懺悔를 받아 낸 다음에 복권復權시켜 주었다는 것은 너무도 유명한 일화로 남아 있다.

모니카는 뜻밖에 이렇게 유명한 암브로시우스를 만나게 되었으나 처음에는 개인적인 인사도 한 일이 없었고, 대화를 해 본 일도 없었다. 그러므로 오직 하나님께 열심히 기도만 했을 뿐이었다. 훗날, 모니카의 아들 아우구스티누스가 회개하고 암브로시우스에게서 많은 것들을 배웠다는 사실은 널리 알려져 있다.

모니카는 암브로시우스 감독이 시무하는 교회에서 밤낮을 가리지 않고 예배당 마룻바닥에 엎드려서 아들을 위하여 통곡의 기도를 계속했다.

"하나님 아버지, 어떻게 하시렵니까? 이 딸은 죽는 한이 있더라도 좋사오니 내 아들을 회개시켜서 아버지 하나님께로 돌아오게 해 주세요."

모니카가 얼마나 슬픔 속에 소리쳐 기도를 했던지 암브로시우스에게까지 발각되었다.

암브로시우스는 조용히 모니카의 곁으로 다가갔다. 그리고 모니카의 기도가 끝나기를 기다렸다. 그러나 모니카의 기도는 좀처럼 끝나지 않았다. 결국 기다리다 못해 모니카를 흔들어 기도를 멈추게 했다. 그리고 조심스럽게 입을 열어 그 사연을 물었다.

"자매님, 실례합니다. 내가 자매님의 기도에 방해가 된 것을 용서 하십시오. 나는 이 교회를 맡고 있는 암브로시우스 감독입니다. 대관절 자매님께서는 어디에서 오신 누구신데, 누구를 위하여 그처럼 슬프게 기도를 하고 계십니까?"

"감독님, 참으로 감사합니다."

겨우 눈을 뜨고 정신을 차린 모니카는 암브로시우스에게 자신이 이 처럼 기도를 하게 되는 사유를 빠짐없이 이야기해 주었다.

"감독님, 제발 제 아들이 회개하고 하나님께로 돌아오도록 기도 좀 해 주세요."

"자매님, 안심하십시오. 눈물의 자식은 결코 버린 법이 없습니다."

암브로시우스 감독이 모니카에게 전한 이 한마디의 말은 두고두고 교회사敎會史에 기록된 명언名言으로 남게 되었다.

그리고 그는 모니카의 손을 붙들고 함께 기도까지 해 주었다.

"전능하신 하나님 아버지, 사랑하는 이 딸의 안타까운 처지의 기도를 듣고 계시지요. 이처럼 밤낮없이 아들을 위하여 기도하는 이 딸의 기도에 응답해 주십시오. 반드시 들어주실 것을 믿습니다."

아들에게 걷어차인 옆구리

어느 겨울날의 밤이었다. 그날도 모니카는 예배당에 가서 밤이 늦도록 아들을 위해서 기도를 하고 눈길을 헤쳐서 아장아장 조심스럽게 집으로 갔다. 그때 아들 아우구스티누스가 잔뜩 술에 취한 채 집으로 돌아와 신발도 벗지 않고 마루에 걸터앉아 있었다. 그리고 그의 어머니는 겨드랑이에 성경책을 받쳐 들고 들어오고 있었다. 아들의 눈에는 그러한 자기 어머니의 모습이 너무도 밉고 저주스러웠다.

그리하여 아우구스티누스는 자리에서 벌떡 일어나 마당으로 달려가 "아, 정말로 보기 싫어!"하는 소리와 함께 어머니의 옆구리를 구둣발로 힘껏 걷어차 버렸다.

"아이고, 주여!"

아우구스티누스의 어머니, 모니카는 눈 깜짝할 사이에 아들의 구둣발에 옆구리를 걷어차인 다음 "아이고!"하는 비명소리와 함께 눈 바닥에 쓰러져 버렸다. 그는 자기의 구둣발에 차인 어머니가 비명소리와 함께 눈 바닥에 쓰러지는 것을 보면서도 아무것도 모르는 척 하고 그만 마루로 돌아와서 두 활개를 활짝 펴고 그 자리에 쓰러져 버렸다. 그리고는 코를 골면서 깊은 잠에 취해 버렸다.

그로부터 약 두어 시간이 지난 다음에야 아우구스티누스는 잠에서 깨어났다. 우선 잠에서 깨어난 아우구스티누스는 온몸이 춥고 정신이 몽롱해지는 것을 느꼈다.

그런데 바로 그때서야 어머니가 그의 머릿속에 떠올랐다.

"아니, 내가 어머니의 옆구리를 발로 걷어차 버린 것 같은데, 그렇다면 어머니는 정녕 마당에 쓰러져서 눈 속에 묻혀 돌아가신 것이 아닐까?"

눈을 부비면서 두리번거리며 찾아보았으나 그의 어머니는 보이지 않았다. 그렇다면 어떻게 되었을까?

바로 그때 옆방에서 울음 섞인 말소리가 들려왔다.

"사랑하는 주님, 주님께서는 나 같은 죄인을 위하여 십자가에 못 박혀 죽으셨습니다. 그리고 삼일 만에 다시 살아나시지 않았습니까?"

"사랑하는 주님, 이 불쌍한 딸의 기도를 들어주셔서, 내 아들 아우구스티누스가 회개하고 돌아와서, 주님의 살아나심 같이 부활의 아들이 되게 해 주십시오. 이 딸은 사랑하는 내 아들이 하나님께로만 돌아온다면 옆구리를 발로 차이는 정도가 아니라 그대로 쓰러져서 죽어도 좋사오니, 하나밖에 없는 내 아들 아우구스티누스가 진심으로 회개하고 하나님께로 돌아와서 새사람이 되게 해 주세요! 사랑하는 내 아들을 용서하시고 살려 주십시오!"

어머니의 기도를 듣고 있던 아우구스티누스는 순간적으로 정신이 바짝 들었다. 그리고는 자기도 모르게 방문을 박차고 안으로 뛰어 들어가서 어머니를 부둥켜안고 통곡을 하기 시작했다.

"어머니, 저를 용서해 주세요. 어머니, 제가 잘못했어요. 저는 이러한 어머니의 참뜻을 모르고 이렇게 나쁜 사람이 되었어요. 어머니, 다시는 나쁜 사람이 안 되겠으니 한 번만 용서해 주세요!"

모니카의 귀가 의심스러울 정도로 아들 아우구스티누스가 어머니의 목을 끌어안고 통곡을 하면서 잘못을 용서해 달라고 울어대는 것이 어쩌면 어렸을 때 젖을 달라고 졸라대는 어린 아기의 모습과도 같았다. 어머니 모니카도 아들의 목을 끌어 부둥켜안고 함께 통곡을 하면서 소리쳐 울어 버렸다.

"내 아들, 내 아들아, 사랑하는 내 아들아. 하나님 아버지 감사합니다. 잃었던 내 아들을 다시 찾았습니다. 죽었던 내 아들이 다시 살아 났습니다!"

새사람으로 태어난 모니카의 아들, 아우구스티누스

아우구스티누스의 어머니 모니카는 해냈다. 그토록 완강하고 고집스럽기만 하던 세계적인 수사학자요, 대사상가요, 당대 로마에서 자랑스러운 대학교수였던 아들을 정복했다. 모니카의 모성애와 어머니로서의 눈물과, 일편단심 하나님을 향한 믿음의 힘과, 약한 것 같으면서 강하디 강한 여자의 기도로 승리한 것이다.

여자는 약하다는 인식이 만연하다. 그러나 여자는, 특히 어머니는 강한 존재이다. 어머니의 눈물은 아들의 굳은 마음을 녹여 버린다. 하나님을 향한 믿음은 모든 것을 이기게 한다.

어머니에게 항복하여 어머니를 붙들고 통곡하기 시작한 아우구스티누스는 그로부터 시작하여 만 2년여 동안을 울고, 또 울며 그의 지난날을 반성反省하고, 모든 죄를 회개悔改하고, 그가 잘못 살아왔던 것들을 참회懺悔하면서 쓴 책이 곧 『참회록』이다. 즉 아우구스티누스의 『참회록』, 루소Rousseau의 『참회록』, 그리고 톨스토이Tolstoi의 『참회록』을 합해서 세계 3대 참회록三大懺悔錄이라고 하는데, 이들 가운데 첫 번째가 아우구스티누스의 『참회록』이다.

신학자神學者로서 아우구스티누스 신학사상神學思想의 특징은 은총론恩寵論이다. 모든 것은 자력自力으로 이루어진 것은 하나도 없고, 오직 하나님의 은혜恩惠로 이루어진다는 것이다. 2년이 넘는 동안 울고, 또 울며 하나님께 참회한 아우구스티누스는 비로소 자아自我라고 하는 자기를 되찾았다. 어머니의 지극정성至極精誠과, 모성애를 뛰어넘는 눈물어린 기도가 아들을 되찾아 준 것이다.

자기를 되찾은 아우구스티누스는 자신에 대해서 깊이 생각해 보았다. 그리고 '내가 나된 것은 수많은 책도 아니고, 내가 축적한 학문도 아니고, 그토록 수고하고 애썼던 나의 노력이 아니라, 전적으로 하나님의 은혜恩惠였다'는 것을 깨달았다.

아우구스티누스는 사람이 자기 자신에 대해서 얼마나 무능하고 어리석은가를 깨달았다. 그리고 아무리 나라가 크고 강한 것 같아도 감히 하나님의 나라에 대해서는 전적으로 무능無能하고 무력無力하고 약하다는 것을 알았다. 그리하여 또 써낸 책이 『하나님의 도성』이다. 그는 인간이 지배하는 나라는 결국은 망하게 될 것이라는 것, 자기가 몸을 담고 자랑하던 대로마 제국도 결국은 망하고, 하나님의 나라를 위한 교회 운동만이 영원할 것이라는 것을 알게 되었다.

아우구스티누스가 쓴 책들이 30여 권이나 되지만, 지금까지 우리들에게 가장 감명을 주는 책은 역시 『참회록』과, 『하나님의 도성』이라고 할 것이다. 그의 책을 읽노라면 그가 살았던 시절이 400년대였는데도, 바로 지금 우리 곁에 서서 강의를 해 주는 것 같은 친근감을 느끼게 한다.

아우구스티누스의 어머니, 모니카는 여자였다. 그녀는 공부도 많이 못했고, 힘도 없었다. 그러나 오직 어머니로서의 모성애와 하나님을 향한 믿음으로 방탕한 아들을 하나님께 돌아오게 하고, 그를 세계 적인 신학자요, 사상가요, 성자로 만들어 낸 너무도 강强한 여자였다.

04
백년전쟁의 영웅, 잔 다르크

우리나라의 역사 속에서 유관순이라는 인물을 말한다면, 프랑스와 영국의 백년전쟁 속에 드러난 잔 다르크(Jeanne d'Arc: 1412-1431)라고 하는 소녀를 연상하게 된다.

이 두 소녀들에 대한 이야기는 자신의 나라가 전쟁의 위기에 처해 있을 때 남녀노소를 가릴 것 없이 모두 나라를 위해서 일을 할 수 있고, 하나밖에 없는 자신의 목숨을 나라를 위해 아낌없이 바칠 수 있다는 것을 알게 해 준 역사적인 사건이라고 할 것이다.

나라를 사랑하는 마음을 애국심이라고 한다면, 애국심은 대통령을 비롯한 관료官僚들이나 정치政治를 하는 사람들만의 것이 아니며, 더 많이 배웠다거나, 더 많이 가졌다거나, 더 높은 자리에 있다거나, 나라를 위해서 정치를 한다거나, 또한 남자들만의 것이 아니라, 남녀노소 없이 그 마음과 정성이면 모두 할 수 있는 가능성이 열려 있다는 것을 알게 해 준다.

우리나라가 일본의 침략을 받고 멸망의 위기에 처해 있을 때, 오직 '대한독립만세'를 부르다가 왜인의 칼에 장렬하게 죽어간 우리의 유관순처럼, 프랑스가 영국과의 오랜 전쟁으로 존망存亡의 위기에 처해 있을 때, 잔 다르크라는 소녀는 먼저 나라를 구하기 위해서 하나님께 기도했고, 다음에는 백성들을 선동하여 일어섰을 뿐만 아니라, 친히 칼을 차고 말을 달려 실전實戰에 참여해 나라를 건졌다는 것은 역사가 말해 주고 있다. 그런데도 그녀는 정치적인 모함 때문에 영국군에게 생포生捕되어 화형을 당해야 했다.

그녀가 살았을 때에는 몰랐으나, 그녀가 죽은 뒤 오랜 후에서야 온 나라 백성들이 그녀의 참뜻을 알게 되었고, 그로 인하여 온 국민의 마음을 일깨우는 계기를 만들어 주었다면, 그녀의 죽음은 죽음으로 끝 나는 것이 아니라, 영원히 민족의 가슴속에 살아서 프랑스 국민들과 함께 살아가고 있다는 것을 알 수 있다.

그녀가 죽은 지 무려 6백 년에 가까운 세월이 흘러갔으나, 오늘날 까지 그녀를 모르는 이가 거의 없을 정도로 유명한 프랑스의 순국열사로 남아 있다면, 여기에는 반드시 그럴만한 사유가 있을 것이다.

프랑스와 영국 사이의 백년전쟁

서양사西洋史를 통해서 '백년전쟁'하면 1339년부터 1453년까지 프랑스와 영국 사이에서 벌어진 기나긴 전쟁을 두고 하는 말이다.

대서양大西洋의 항해권航海權을 장악하여 전 세계에 엄청난 영토를 가지고 있었던 영국 왕 에드워드 3세Edward Ⅲ가 프랑스의 왕위승계 권王位承繼權을 주장하면서 시작된 전쟁을 두고 이르는 말이 곧 '백년 전쟁'이다.

영국이라는 나라는 대서양에 위치한 섬나라인데 비하여, 프랑스는 유럽 대륙의 한복판에 자리한 오랜 역사의 나라였다. 그때 프랑스의 왕 찰스 7세Chales Ⅶ는 무력하여 자기 나라의 수도 파리를 비롯하여 온 나라를 영국군이 짓밟고 다니는데도 도망치기에 급급하여 그렇다 할 싸움 한 번을 못하고 있는 실정이었으니, 프랑스의 국운은 꺼져 가는 심지처럼 가물거리고 있었다.

찰스 7세가 그토록 무능하여 도망치기에만 급급하고 있으니 프랑스 국민들은 누구를 믿고 의지해야 할 것인지조차 모른 채 거의 모든 국민들이 실의失意에 빠져 있었다.

국난國難의 위기에는 어느 시대를 막론하고 통치자의 지도력指導力과 통솔력統率力도 뛰어나야 하지만, 백성들의 마음을 어루만져 줄 수 있는 어진 덕망德望이 있어야 한다. 그런데도 그 당시 프랑스의 왕 찰스 7세는 지도력도 없었고, 정치적인 통치력統治力도 없었으니, 백 성들이 그를 믿고 따를 수가 없었기 때문에 어쩌면 나라가 영영 이대로 멸망하지는 않을 것인가 하는 백성들의 공포심이 커져 가고 있었다.

그도 그럴 것이 영국과 프랑스의 전쟁이 장장 무려 100년간이나 계속되었고, 설상가상 뜻하지 못했던 흑사병黑死病의 창궐로 백성들의 원성과 절망의 소리는 거의 하늘을 찌를 지경이었다.

군왕의 통치력은 물 건너 간지 오래였고, 오랜 전쟁으로 백성들은 목에 풀칠하기조차 어려울 정도로 가난에 시달려야 했으며, 아무리 생각을 해도 침략자 영국군을 물리치고, 프랑스를 회복하는 일이란 꿈과 같은 일이었다. 프랑스라는 나라가 이처럼 백척간두의 위기에 치해 있을 때 혜성彗星처럼 나타난 어린 소녀 잔 다르크가 국왕을 구출하고, 나라를 살려낸 것이다.

그러나 억울하게도 정치적인 음모로 영국군에 넘겨져서 여자가 남장을 한 것은 성경 진리에 위반된다는 교황청의 판단에 따라 군사재판軍事裁判이 아닌 종교재판宗敎裁判을 받고 화형을 당했다는 것은 참으로 아쉬운 마음만을 더하게 해 준다.

잔 다르크가 죽고 나서 뒤늦게 프랑스 정부에서는 그녀를 '프랑스의 영웅'으로 추대했다. 그리고 교황청에서는 남장을 한 것이 성경에 위배된다는 이유를 들어서 그녀를 처형處刑한 것을 당연한 일로 여겼으나, 오랜 세월이 지난 다음에야 그녀에게 행한 교황청의 일이 잘못되었다는 것을 깨닫고 그녀를 '성녀聖女'로 추서追敍하게 되었다.

이처럼 사람들이 행한 일은 결코 그 당시에는 바른 이해나 판단을 내릴 수가 없다. 그러나 역사는 정직하고 진실하다. 그래서 잔 다르크의 나라 프랑스에서만이 아니라, 전 세계가 그녀를 영웅으로 추켜 세웠고, 교황청에서는 잘못을 뉘우치는 뜻에서 그녀를 성녀로 인정 했다.

가난한 농부의 딸로 태어난 소녀

프랑스를 전란戰亂에서 구출한 소녀 잔 다르크는 1412년, 프랑스의 뮤제 강변을 끼고 있는 돌레미라는 시골 마을에서 가난한 농부의 딸로 태어났다.

집안이 너무도 가난하여 학교 공부조차 별로 받은 일이 없는 그녀는 부모님을 통하여 겨우 자기의 의사意思를 글로 표현할 정도밖에 안 되는 무식無識한 소녀였다.

그녀는 어렸을 때부터 눈만 뜨면 들에 나가서 부모님의 일손을 도와 열심히 일을 했다. 성정性情이 강하면서도 온화하고 화평하여 누구에게나 총애寵愛를 받고 자랐으며, 특히 하나님을 향한 깊은 신앙심은 그의 부모를 비롯한 주변 사람들에게까지 감동을 줄 정도였다. 형제들끼리의 우애友愛가 유별났고, 부모님을 향한 효심은 주변 사람들에게까지 칭송을 받았으며, 성당聖堂에 가서 미사를 드리는 그녀의 정성精誠과, 사제司祭들이 들려주는 교훈은 항상 그녀의 어린 가슴 속에 깊이 박혀 있었다.

특히 그녀가 태어나서 자랄 때에는 영국과의 백년전쟁이 종반기에 접어든 때였으므로 어렸을 때부터 나라가 전란에 쌓여 있다는 것과, 특히 영국의 침략군들이 자기 나라를 괴롭히고 있다는 것들을 잘 알고 있었다. 그녀는 어렸을 때부터 자주 부모를 통하여 나라가 어려움 에 처해 있다는 이야기를 들을 수 있었다.

"아버지, 왜 우리나라가 영국 사람들에 의해서 이토록 괴롭힘을 딩해야 합니까?"

"나라의 힘이 약해서 그런 것을 어떻게 하느냐?"

"나라의 힘이 약하다니 그것이 무슨 말씀입니까?"

"안타깝지만, 우리나라의 군주君主는 허약해서 정치를 바로잡지 못 하고, 국민들은 어떻게 할 바를 모른 채 흔들리고 있으며,

느냐?"

"아버지, 그렇다면 영영 우리나라는 영국 사람들에게 짓밟혀야 하고 괴롭힘을 당해야 합니까?"

"그게 무슨 소리, 언젠가는 우리도 다시 일어나서 우리나라를 되찾아야지…!"

"그것이 언제입니까? 그리고 누가 나라를 건져 냅니까?"

"그것을 누가 알겠니? 하나님께서나 알고 계시겠지…."

그로부터 시작된 잔 다르크의 어린 가슴은 참으로 복잡해졌다. 아직도 나이가 어린 터라 잘 알 수는 없지만, 그래도 하나님만은 아실 것이라는 아버지의 말씀이 그녀의 가슴을 흔들어 버렸다.

잔 다르크가 나라에 대한 걱정을 하고 염려를 하게 된 것이 그녀의 나이 겨우 열세 살 때의 일이었기에, 지금의 나라가 처해 있는 국정國情이나, 영국군을 물리치고 나라를 되살려야 하겠다는 구체적인 생각이 나올 수는 없었다. 더구나 그녀는 나이가 어린데다가 한낱 시골 농부의 딸이었을 뿐이었다. 그러나 그녀만의 어린 가슴속에는 나라를 위한 생각이 가득 차 있었다.

'왜 나는 나라를 위해서 아무것도 할 수가 없을까?'

'나라를 위해서 내가 할 수 있는 일이 무엇일까?'

'나라가 이 모양인데 나는 당하고만 있어야 하는가.'

'어떻게 하면 우리나라를 영국군의 손아귀에서 건져 낼 수 있을까?'

'아…! 내가 할 수 있는 일이 무엇일까? 힘도 없고, 방법도 모르고….'

아무도 모르게 잔 다르크의 가슴은 괴롭고 답답하기만 했다. 자기도 나라를 구하기 위해서 무엇인가 하기는 해야 할 것이라는 마음은 간절했으나, 스스로는 알 길이 없었고, 어느 누구 그녀에게 가르쳐 주는 사람도 없었다. 그럴수록 잔 다르크의 가슴은 복잡해져 가기만 했다.

소녀의 구국기도

이제 그녀의 나이 겨우 열세 살 밖에 되지 못한 잔 다르크는 스스로의 마음에 다짐을 했다. 자기의 마음을 알아주는 이도 없고, 설혹 그녀의 마음을 알아준다고 하더라도 어찌할 방법이 없지 않은가?

잔 다르크는 오직 한 가지의 방법이 있다고 믿었다. 즉, 자기가 믿고 있는 하나님께 기도로 물어 보는 것이었다. 그리하여 그녀는 오직 나라를 살리기 위한 구국기도救國祈禱를 하기로 마음 속에 결심하고 기도하기 시작했다.

'나라를 구하자는 것인데, 내 나이가 어리면 어떻고, 내 신분이 여자면 어때…. 나라를 위기에서 구하기 위하여 이를 두고 하나님께 기도로 한번 물어 보자. 어떤 방법이 나오겠지.'

이제 그녀의 나이 갓 열세 살, 그리고 아무것도 모르는 불학무지不學無知의 계집아이, 어느 것 하나 가능성이라고는 그녀에게 없었다. 자기 자신도 그러한 자기의 입장과 처지를 너무도 잘 알고 있었다. 그런 것을 잘 알면서도 열세 살의 어린 소녀, 잔 다르크는 마을에 있는 성당으로 찾아가서 하나님 앞에 무릎을 꿇고 기도했다.

"하나님 아버지, 우리나라를 어떻게 해야 합니까? 저는 아무것도 할 수 없습니다. 배운 것도 없습니다. 아직 나이조차 어린 계집아이 일 뿐입니다. 그러나 나라를 구해야 한다는 간절한 마음 하나만은 전지전능하신 하나님께서도 잘 알고 계시지 않습니까? 자기의 나라를 이 전쟁의 위기에서 건져야 하는데 무슨 남녀노소가 따로 있으며, 배우고 못 배웠음이 어디 있습니까? 더더구나 저는 아직도 어린 소녀입니다. 그런데도 오직 나라를 구해야 한다는 간절한 저의 마음은 하나 님께서 알아주실 것으로 믿습니다. 전능하신 하나님 아버지, 이럴 때 어떻게 해야 합니까? 어떻게 해야 침략자 영국군의 횡포에서 내 나라를 건져 낼 수 있습니까? 제발 저에게 그 길과 방법을 가르쳐 주세요."

잔 다르크의 나이 열세 살에 시작된 구국의 기도는 무려 3년 간이나 계속되었다. 이제 그녀의 나이 16세가 되었다. 낮에는 들에 나가서 부모님의 일손을 도와 농사일을 하고, 어김없이 밤 이면 성당에 나가서 하나님께 같은 기도를 되풀이했다.

"살아 계신 하나님 아버지, 어떻게 하면 이 나라를 구해낼 수 있습니까? 기어이 가르쳐 주세요. 이 한 몸이 가루가 되어 부서 질지라도 나라를 구할 수만 있다면 그렇게 하겠습니다. 죽어야 한다고 하시면 죽어서라도 나라를 구해야겠습니다. 이 어린 딸 에게 가르쳐 주십시 오…!"

그렇게 기도를 3년 동안이나 계속하던 어느 날 밤이었다. 잔 다르크는 눈이 붓도록 울면서 하나님께 구국의 기도를 계속하 고 있는데, 아주 비몽사몽간非夢似夢間에 휘황찬란한 흰 옷을 입 은 천사들이 떼를 시어 싱진 인으로 날아왔다.

그리고는 아주 영롱하게 큰 소리로, "너는 일어나서 프랑스를 구하라."라고 하는 음성이 들려왔다. 이 음성을 들은 잔 다르크 는 너무도 놀랐다. 그러는 순간 천사들의 모습도 다 사라져 버 렸다.

"아, 하나님 아버지 감사합니다. 감사합니다…."

잔 다르크는 미칠 듯이 기뻐하면서, 그 길로 프랑스 왕인 찰스 7세에게로 달려갔다. 그때 프랑스에는 영국 왕의 형제인 벳포드Betford가 프랑스의 총독總督으로 와 있었기 때문에 찰스 7세는 사실상 몸을 피하여 은신 중에 있었다.

잔 다르크는 그러한 왕에게로 달려가서 지금까지 있었던 일들을 자초지종自初至終 자세하게 말하고 왕의 승인 하에 머리를 깎고 남장을 한 후, 군복軍服으로 갈아입고, 왕이 내어 준 프랑스군을 거느리고 전쟁터로 뛰어갔다.

그렇게 16세의 소녀가 남장을 하고 프랑스군의 지휘관이 되어 첫 번째 전쟁을 한 곳이 오를레앙이었는데, 1429년 4월 말, 어찌 된 영문인지 잔 다르크가 이끄는 프랑스군이 영국군을 크게 파하고 대승大勝을 거두었다. 이는 참으로 모처럼의 승전勝戰이요, 기적적奇蹟的인 일이었다.

그리하여 그때 소녀 잔 다르크에게 붙여진 이름이, '오를레앙의 소녀'였다. 잔 다르크의 승전 소식에 프랑스군만이 아니라, 영국군까지도 간담이 서늘할 정도로 놀랐다.

불꽃에 잠든 잔 다르크

잔 다르크가 이끈 군의 승전 소식은 실의에 빠진 프랑스를 구해내기는 했으나, 그때 프랑스에서는 허약한 찰스 7세 국왕에게 반기叛旗를 든 간신奸臣들이 많이 있었기 때문에, 잔 다르크의 반대파 사람들의 함정에 빠져 1430년 5월, 그녀는 콘페뉴에서 영국군에게 넘겨 지며 생포生捕되고 말았다.

그 후 1년이 지난 , 1431년 5월 30일, 그녀의 나이 만 19세로 루앙의 광장에서 영국군에게 화형을 당하게 된다. 그녀가 화형을 당하게 된 죄목은 전범戰犯이 아닌, 남장이었으며 교황의 승인 아래 이루어졌다.

그러나 프랑스는 잔 다르크의 기세를 몰아 침략자 영국군을 이기고 나라를 되찾게 되었다. 이렇게 해서 1453년에야 영국과 프랑스의 지루했던 백년전쟁은 그 끝을 보게 되었다.

그리고 잔 다르크는, 그녀가 죽은 지 25년 뒤에야 프랑스를 구하고 장렬하게 전사한 애국열사愛國烈士요, 영웅으로 인정받게 되었고, 교황청에서도, 1920년에야 그녀를 성녀로 높이게 되었다.

이렇게 잔 다르크는 너무도 억울하게 죽음을 맞이했다. 그녀는 학교도 못 간 시골 농부의 딸이었지만, 어린 나이에 나라를 위해서 하나님께 구국의 기도를 했고, 16세에 종군^{從軍}하여 나라를 위기에서 건져냈다. 그리고 적군에게 잡혀서, 군법^{軍法}에 의한 전범자^{戰犯者}가 아니라, 여자가 남장을 했다는 죄목으로 종교재판을 받고 불꽃에 잠들게 되었다. 나이는 어렸지만, 마지막까지 그녀는 강하고 강했다. 세 계의 역사 속에 빛나는 강^强한 여자였다.

05
세계적인 여류 정치가, 힐러리 클린턴

현대를 살아가는 사람이라면 아마도 힐러리 클린턴Hillary Clinton이라는 여자를 모르는 이가 없을 것이다.

2억 5천만에서 3억에 가까운 인구人口를 가졌고, 정치적으로나, 경제적으로나, 군사적으로나, 전 세계에서 가장 강하고 큰 나라의 대통령大統領이 되기 위해, 지금 예비 선거운동을 하고 있는 미국의 민주당 대통령 후보의 한 사람인 힐러리 클린턴에 대한 이야기를 하려 고 한다.

나는 개인적으로 그녀를 전혀 알지 못한다. 더구나 그녀를 만나 본 일도 없다. 그러나 그녀에 대한 관심이 있기 때문에 그녀가 쓴 책들을 읽어 보았다. 그리고 책들을 통해서 소개된 힐러리 클린턴이라는 사람은 참으로 범상凡常치 않은 여자라는 것을 알았다.

그녀가 미국의 대통령이 되든, 안 되든 나와는 상관이 없다. 물론, 그녀가 미국의 차기 대통령으로 당선될 것이라는 생각은 한다. 그러나 나는 미국의 대통령으로서가 아니라 한 여자로서, 세계에서 가장 강한 여자로서의 힐러리에 대한 이야기를 하고 싶다.

물론 나의 글이 그녀의 실제 삶에 미치지 못하고, 또 그녀의 삶을 다 말할 수 없다는 것도 안다. 다만 내가 알고 있는 만큼만이라도 이야기를 하려 한다. 내가 마음속으로 존경하고 부러워하는 여자, 힐러리 클린턴이 얼마나 강한 여자인가를.

평범한 가정에서 태어난 장녀

힐러리 클린턴은 미국의 일리노이 주 시카고에서 작은 사업을 하는 아버지 휴 엘즈워스 로뎀Hu Elswas Rodham과, 어머니 도로시 하웰 로뎀Dorosi Hawell Rodham 사이에서 1947년 10월 26일, 3남매 중 장녀로 태어났다.

집안은 큰 재벌財閥은 아니었어도, 그렇게 어렵거나 가난하지도 않은 평화로운 가정으로서 아무것도 부러운 것이 없을 정도로 행복한 가정이었다.

그녀의 아버지는 웨일스 이민移民의 후손인 펜실베니아 주 출신으로 전통적인 감리교 신자로서 그의 자녀들을 끔찍이 아끼고 사랑하는 자상한 아버지였고, 어머니 또한 철저한 기독교의 신앙인으로서 남편에게 순종하며 자녀들을 사랑하는 장한 어머니였다.

힐러리가 세 살이 되었을 때, 온 가족이 복잡하고 시끄러운 도심을 벗어나 시카고 교외郊外에 있는 작은 도시인 파크리지로 옮겨서 살게 되었다. 그곳에서 힐러리는 두 남동생과 함께 초등학교와 중학교를 마친 다음, 메인이스트고등학교에서 상위권 성적으로 졸업을 했다.

힐러리의 아버지는 3남매의 자녀들 가운데서도 두 아들 보다는 유독 하나밖에 없는 딸에 대한 애정과 관심이 깊었다. 부모가 자녀에게 관심이 더 많다는 것은 매우 좋은 일이라고 생각할 수 있으나, 힐러리는 그것이 부담스럽고 싫었던 것 같다. 아버지의 인생이 따로 있고, 자기의 인생이 따로 있는데, 아버지의 틀에다 자기를 묶어 두고 싶어 하는 그녀의 아버지와 생각이 달랐다.

아버지가 그녀를 자신의 틀에다 묶어 두려고 하는 것은 아버지의 지나친 자기만족의 욕심이요, 자녀 사랑의 참뜻이 아니라고 생각했던 것이다. 그리하여 힐러리는 그녀의 아버지와 어머니의 그늘에서 벗어나 자기만의 방식대로 살아야 자기가 생각하는 정치인으로서의 꿈을 이루어낼 수 있다는 것을 깨달았다.

누구보다도 자상하고, 애정과 관심을 많이 주시는 아버지의 그늘에서 벗어나야 '나'를 만들어낼 수 있다는 생각을 한 것이다. 특히, 그녀는 결코 어머니처럼 아버지의 그늘에 매달려서 살아가는 사람이 아닌, 자기의 인생을 살아가는 사람이 되겠다는 강한 생각으로 가득 차 있었다.

'나는 더 강해져야 한다. 나는 내 인생을 살아야 한다. 어느 누구도 나를 만들어 줄 수 없다. 나는 정치가가 될 것이다. 내가 정치가가 되는 것은 내가 해야 할 내 몫이다. 그러기 위해서는 우선 아버지의 간섭에서 벗어나야 한다. 어머니의 치마폭에서 벗어나야 한다. 누구보다 나를 더 아끼고 사랑해 주시는 부모에게 설혹 오해를 사고, 섭섭하게 만드는 일이 있을 지라도 우선 나는 집을 벗어나야 한다.'

힐러리의 마음은 너무도 복잡하고 고통스러웠다. 지금 당장 부모 님의 곁을 떠나면 우선 당장 먹고 살아갈 일이 문제였다. 또 공부는 어떻게 해야 할 것인가도 문제 중에 큰 문제요, 부담스러운 일이었 다. 그런 악조건惡條件들을 알면서도, 자기의 꿈을 이루기 위해서 사랑하는 아버지와 어머니의 곁에서 멀리 떠나야 한다는 그녀의 결심은 굳어져 갔다.

홀로서기를 위한 가출

힐러리는 부모님의 곁을 떠나야 한다는 결심이 굳어졌을 때, 가출家出을 위해서 짐을 꾸렸다. 1965년의 여름철, 부모님이 좀처럼 잘 찾아올 수 없는 곳으로 가기로 작심을 했다.

그리하여 우선 자기 집과의 거리가 멀어야 한다고 생각한 나머지, 자기 집에서 1,500km나 멀리 떨어진 곳, 즉 3,200리나 멀리 떨어진 매사추세츠 주로 옮겨 가서, 웨슬리여자대학교에 입학하여 정치학政治學을 전공하기로 했다. 그녀는 공부를 하는 동안 주로 공화당과 민주당의 선거 사무실을 전전하면서 아르바이트를 하며, 조용히 정치인의 꿈을 키워 나갔다.

학창 시절의 힐러리는 남들이 전혀 이해하기 어려운 자기만의 고집과 억척스러움을 뽐냈다. 노동자들이 입는 허름한 청바지 차림에, 머리칼은 되는대로 휘날리고, 붉은테 안경에, 여자로서의 단정미端正美같은 것은 찾아 볼 수 없고, 아주 거칠고, 개성이 강한 여자로만 비쳐졌다. 그녀의 뒤에는 항상 남학생들이 줄을 이을 정도로 따랐으나, 그녀는 좀처럼 자기의 마음을 주지 않는 강철鋼鐵같은 여대생이었다.

힐러리의 학업성적은 항상 상위권上位圈을 유지하고 있었는데, 교수가 60페이지 정도의 숙제를 냈다면, 힐러리는 180페이지 분량의 자기 연구물을 제출하여 교수들을 놀라게 했다. 그녀가 그렇게 한 것은 그녀 자신의 억척스러운 사상이 항상 최고最高가 아닌 최선最善이 었기 때문이었다.

1968년 가을, 힐러리는 졸업반 학생으로서 학생회장學生會長에 당선된다. 그녀는 학생회장을 하면서도 자기 스스로를 지키기 위한 노력을 게을리 하지 않았다. 자기를 지켜 줄 사람이 아무도 없다는 것을 항상 마음속에 간직하고 살았기 때문이었다.

고향의 가정과 부모의 곁을 떠난 힐러리는, 스스로 택한 외로움과 고생이 곁을 떠나지 않았다. 그러나 그렇게 하는 것이 정치인政治人의 꿈을 키워 가는 자기에게 좋고, 그렇게 쌓은 경험經驗들이 장차 정치인으로서, 국민들을 위하여·봉사하는 사람이 될 것이라는 속사정이 있었기 때문이었다.

1969년, 힐러리는 웨슬리여자대학교를 우수한 성적으로 졸업하면서, 졸업생을 대표하여 연설演說을 하게 되었다. 그녀는 이 졸업식의 연설에서 평범한 연설이 아닌, 여성의 지위地位에 대한 문제와, 흑인의 인권人權에 대한 아주 민감하고 진보적인 문제를 이야기하여 듣는 사람들을 깜짝 놀라게 했다.

그렇게 그녀의 연설문이 소문에 소문으로 꼬리를 물고 이어지게 되었다. 그리고 후일에 힐러리의 졸업식 연설문이 『라이프 Life』지에 소개되면서, 유명세有名勢를 타기 시작했다. 힐러리의 연설문이 권위 있는 잡지에 실리게 된 것을 가장 기뻐한 사람은 누구보다 고향에 계신 부모님이었다.

사람들은 미국을 가리켜서, '기회의 나라'라고 한다. 그것은 그 나라 자체가 50개 나라들의 연방체인데다가, 인구가 무려 3억에 이르지만, 국민이 아닌 시민만 있는 나라로서, 전 세계의 인종들이 모여서 서로 선의善意의 경쟁을 하면서 살아가는 나라이기 때문일 것이다.

한 여학생이 대학교를 졸업하면서 쓴 연설문이 세상에 널리 소개되었다는 것은 그녀가 세계적인 인물로 떠오르는 신호이자 기회라고 해도 될 것이다.

바람을 타고 독수리처럼 솟아오르는 힐러리

힐러리는 1969년, 웨슬리여자대학교를 우수한 성적으로 졸업한 다음, 바로 코네티컷 주에 있는 예일 로스쿨에 입학하여 본격적으로 법률학法律學을 공부하기로 했다. 법률학을 공부하되 또 한 가지 그녀 만의 억척스러움을 드러내게 된 것은 로스쿨의 교지校誌인 『예일 로 저널Yale Law Journal』지의 편집위원編輯委員으로 활동을 하게 된 것이었다.

거의 전 세계에서 몰려 온 남녀 법률학도法律學徒들 사이에서 수많은 사람들의 경쟁을 뚫고, 편집위원이 된 것은 그녀만의 또 다른 경륜을 쌓아 올리는 계기가 되었다.

1971년, 힐러리는 어느 날 도서관에 갔다가 우연히 빌 클린턴 Bill Clinton이라는 청년을 만나게 된다. 이 청년은 바로 힐러리의 남편이요, 미국의 대통령이 될 사람이었다. 그는 아칸소 주 출신으로 힐러리와 같은 학교에서 법률학을 공부하고 있었다.

힐러리의 꿈이 정치였고, 대통령의 아내가 되어 미국 백악관白堊館의 안주인, 곧 '퍼스트 레이디First Lady'가 되려는 것인데, 그의 꿈이 바로 미국의 대통령이 되는 것이라고 하니, 힐러리는 그에게 흠뻑 빠져 버릴 수밖에 없었다. 그리하여 그들은 성실히 공부하면서도 남들 못지않은 열애熱愛를 하며 서로에게 버팀목이 되었다.

학교를 다니면서도 힐러리는 대통령 선거가 있을 때마다 일부러 선거 사무실로 찾아가서 적극적으로 선거일을 도우며 자기의 경험을 넓혀 갔는데, 그녀가 공화당이 아닌 민주당 후보의 사무실로 찾아 가서 봉사를 한 것은, 단순한 아르바이트가 아닌 민주당의 정책을 배우고 익히면서, 정치인이요, 민주당의 당인黨人으로서의 꿈을 키우기 위한 것이었다.

그렇게 자신의 꿈을 위해 열심히 노력해 왔던 힐러리는 1973년 여름, 예일 로스쿨에서 법무박사法務博士 학위學位를 받고 졸업을 하게 되었다. 그리고 잠시 동안 예일 어린이 센터의 일을 도우며, 어린이들에 대한 일반적인 문제와, 어린이들을 위한 법에 대한 학술논문^{學術論文}을 써서 같은 해에 이를 발표했다. 또한, 아칸소 주에서 실시하는 변호사^{辯護士} 시험에 합격하여, 1974년 1월부터 국회로 파견되어 닉슨 대통령의 워터게이트^{Water Gate} 사건의 탄핵특별조사위원^{彈劾特別調査委員}으로 활동하게 되었다.

그러면서도 때때로 시간을 내서 장차 자기의 남편이 될, 빌 클린턴이 아칸소 주지사^{州知事}에 출마했기 때문에 달려가서 그의 선거^{選擧}일도 도와야 했다. 그리고 1974년 8월 9일, 닉슨 대통령이 전격적으로 대통령직 사임을 발표하게 되자, 힐러리는 일자리를 잃게 되고 빌 클린턴이 추천해 놓은 아칸소 주 로스쿨에서 법률학을 강의^{講義}하게 된다.

1975년 10월 11일, 비로소 빌 클린턴과 힐러리는 정식으로 결혼하여 새 가정을 꾸미게 되었다. 그들이 결혼을 하자마자 빌 클린턴은 아칸소 주 검찰총장에 출마하여 당선이 되었고, 힐러리는 지미 카터^{Jimmy Cater} 대통령 후보의 선거 사무책임자로 일을 맡게 되었다. 그 결과, 마침내 지미 카터가 미국의 대통령에 당선된다.

1978년에는, 남편 클린턴이 아칸소 주지사에 당선되었고, 힐러리는 아칸소 주 농촌 지역건강지원위원회의 회장이 되어 커다란 성과를 얻어냈다. 이렇게 힐러리는 항상 집 안에 틀어박혀서 가정의 주부^{主婦}로서 살아가야 한다는 것은 꿈에도 생각하지 못했고, 언제나 자기의 인생을 살아가면서 남들을 위해, 또한 다른 사람들과 함께 살아 가기 위해서 최선最善의 봉사활동奉仕活動을 하며 살아가고자 했다.

힐러리는 이미 자기가 가지고 있는 법무학 박사와, 변호사라는 화려한 명예 외에, 아칸소 주 검찰총장의 아내, 아칸소 주 지사의 아내로서 자기 나름대로의 경륜을 계속해서 쌓아 올리고 있었다. 이렇듯 힐러리는 승승장구乘勝長驅 출세가出世街를 달렸고, 그녀의 남편 또한 전도가 유망한 정치인으로 크게 발전해 나갔다.

힐러리의 행적들을 돌아보면, 그것은 단순히 그녀의 성격 때문만이 아니라, 그녀가 가지고 있는 꿈을 실현하기 위한 하나의 치밀하고 거대한 과정이었음을 알 수 있다.

힐러리의 삶을 온전히 평가하기는 어려울 수 있지만, 그녀가 미국의 대통령이 되기 위해 민주당 대통령 후보자候補者로서 뛰고 있는 오늘날은, 누구나 힐러리가 그렇게 살아온 과거를 이해할 수 있을 것 이다.

여자로서의 생애

힐러리 다이앤 로댐은 분명히 한 사람의 여자일 뿐이다. 그런데 그 여자는 지금 전 세계에서 가장 영향력影響力있는 인물로,

미국 대통령의 자리에 절반 이상 올라서고 있는 정치가이다.

여자의 나이 70을 바라보는데도 20대의 젊은 여자처럼 미모美貌를 갖춘 여자이고, 누구 못지않은 젊음을 갖춘 여자이며, 자신감自信感에 넘치는 여자이고, 모든 사람들을 끌어 모으는 힘을 가진 강한 여자로 떠오르고 있다.

힐러리는 우선 평범한 가정에서 태어난 보통 여자였다. 그러나 그녀가 오늘에 이르기까지 걸어 나온 길은 그녀가 부모님의 곁을 떠나는 순간부터 시작되었다고 본다. 아버지는 너무도 자상하고 가족들에 대한 책임감과 자녀들에 대한 사랑이 뛰어난 자랑스러운 분이었 다. 그리고 그녀의 어머니는 무조건 남편에게 순종하면서 자녀들을 잘 돌보고 살피는 자상한 분이었다.

어느 것 하나 부족함도 없고 바랄 것도 없는 유복한 가정이었다. 그러나 힐러리에게는 그런 것들이 싫었다. 부모님도 싫고, 가정도 싫고, 모든 식구들이 행복하게 안주安住하고 있는 가정의 현실이 나 싫있다. '나'라고 하는 자아自我를 생각할 때 어느 한 가지도 그녀에게 맞는 것이라고는 하나도 없었기 때문이었다. 아버지의 독선獨善이나 가부장家父長으로서의 권위도 싫었고, 남들은 현모양처賢母良妻라고 칭찬하는 어머니의 순종적인 삶도 싫었다.

그리하여 그녀는 고등학교 시절까지 고향의 가정에서 부모님의 사랑을 받고 살았으나, 성년成年이 된 대학시절부터는 스스로 일어서야 한다는 마음의 다짐을 하고, 멀리 집을 뛰쳐나와 그녀만의 인생을 시작하였다. 아마도 동서고금을 막론하고 힐러리만큼 고루 갖춘 여성 지도자를 찾기란 어려울 것이다.

힐러리는 고등학교를 졸업한 후, 고향 집에서 1,500km나 떨어진 대학을 택하여 정치학을 전공하였고, 대학을 졸업한 다음에는 또 다른 주에 있는 로스쿨로 가서 법무학 박사 학위를 받았으며, 그 후에는 여자 변호사가 되었고, 닉슨 대통령 탄핵조사위원으로도 활동했으며 로스쿨에서 학생들을 가르치는 교수로도 지냈었다.

그리고 1975년, 빌 클린턴과 결혼한 후에는 검찰총장의 아내, 전국 여자변호사 회장, 주지사의 아내, 대통령의 아내로서, 백악관의 주인도 되었었고, 스스로의 힘으로 미국 연방정부聯邦政府의 상원의원上院議員과, 미국 연방정부의 국무장관國務長官 자리에도 있었다.

이러한 그녀가 학창시절부터 해왔던 일들을 다 열거하려면 한 권의 책으로도 다 쓸 수 없을 것이다. 학생으로서 아르바이트를 하면서 공부를 하되, 미국 대통령 선거가 있을 때마다 선거 사무일을 보면서 앞으로 자기가 해야 할 일들에 대한 경험을 쌓아 올리는 기지機智와 슬기를 발휘했다.

그녀는 또한, 법률학자로서, 변호사로서, 정치인으로서, 저술가로서도 활동했는데, 그녀가 쓴 책으로는, 『백악관으로의 초대 An Invitation to the White House』, 『집 밖에서 더 잘 크는 아이들It takes a Village』, 『살아 있는 역사Living History』 등이 있다.

2000년 11월 7일, 뉴욕에서 공화당의 후보를 55%의 압도적인 차로 물리치고 연방정부의 상원의원으로 당선되었던 힐러리는, 국회에 들어간 2001년부터 2006년까지 예산위원豫算委員, 국방위원國防委員, 환경環境과 공적사업위원회公的事業委員會, 건강健康, 교육敎育, 노동勞動, 연금위원회年金委員會, 노년층老年層을 위한 특별위원회特別委員會에서 눈부신 활약을 보였다.

또한, 2001년 9월 11일에 있었던 9 · 11테러사건의 수습을 위해서 214억 달러의 의연금義捐金 모금운동에도 적극 참여하여 이를 성사시켰다.

그리고 2006년에는 상원의원에 재선再選된 후, 주로 국방 문제와 외교 문제를 중심으로 활동했는데, 그때 이미 그녀는 미국 국민들의 지지율이 74%까지 오를 정도로 대통령으로서의 자질資質을 인정받고 있었다.

미국의 국무장관의 자리에 있는 동안, 그녀가 무려 전 세계 120여 국의 나라들을 두루 돌아다니면서 외교의 수완을 발휘하고, 경륜을 높여 나갔다는 것은 전 세계의 지도자로 올라서기에 부족함이 없는 준비된 인물이라는 것을 말해 준다.

이처럼 힐러리는 어느 남자도 따라올 수 없는 화려한 경력經歷과 함께, 미국의 대통령뿐만이 아니라, 전 세계를 이끌어갈 만한 여자였다.

힐러리의 생활신조

힐러리 클린턴에 대한 글을 쓰려면 거의 끝이 없다. 힐러리 같은 여자가 세상에 있기에 자랑스럽다. 그녀는 여자라는 악조건惡條件을 기회로 삼고, 바라고 원했던 것은 반드시 해내고야 마는 억척스러운 여자였다. 공부하기 위해서, 학비學費를 마련하고자 아르바이트를 한 것이 아니라, 돈을 벌기 위해서 뛰었다. 그리하여 어느 남자보다도 많은 돈도 벌었고, 어린이와, 흑인들과, 노인들 같이 약한 사람들을 살피는 일에도 다른 사람들의 추종을 불허했다. 분명히 힐러리는 전 세계에서 '가장 일을 잘하는 여자'로 통한다.

우선 힐러리가 해낸 일을 보면, 그녀는 하나밖에 없는 딸 첼시 Chelsea를 스탠퍼드 의과대학醫科大學에 입학시켰다. 이것은 여자로서, 또 어머니로서 자랑스러움을 드러낸 일이다.

그리고 자기 남편 빌 클린턴을 두 번이나 미국 대통령에 당선시켰다. 사실상 그녀의 남편 클린턴 대통령은 그의 비서秘書 모니카 르윈 스키와의 불륜관계不倫關係로 국회의 탄핵彈劾을 받은 일도 있었으나, 힐러리의 아량과 기지로 잘 수습되어 클린턴 대통령의 위기를 면하게 해 주었던 것은 이미 전 세계가 알고 있는 일이다.

힐러리는 미국 전체가 인정하고 알아주는 최고의 변호사로 활동했다. 게다가 여자로서 다섯 개 기업체企業體의 이사理事로도 일을 하면서 미국 100대 기업으로 끌어 올리는데도 기여했다. 또한, 각종 사회단체社會團體, 교육단체敎育團體, 시민운동단체市民運動團體 등에 몸 을 담고 가장 일을 잘하는 지도자로 인정을 받기도 했다. 힐러리가 여자의 몸으로 그처럼 동분서주東奔西走하며 쉴 새 없이 열심히 살았고, 많은 일들을 해낼 수 있었다는 것은 그녀만의 억척스러움과 집념 의 의지가 아니고는 해낼 수 없는 것들로서 일반 사람들은 흉내조차 내기 어려울 정도였다.

힐러리가 이렇게 되기까지는 어느 누구의 조언助言이나 가르침을 빌었다기보다 고등학교를 졸업하고 고향의 부모님 곁을 떠날 때부터 시작된, 오직 스스로가 해내야겠다는 결의와 자기만의 독특한 생활신조生活信條를 세워 놓고 이를 실천하면서 살았기 때문일 것이다.

강철보다 강한 여자, 힐러리

힐러리에 대한 글을 쓰기는 했으나 오히려 그녀의 명예에 상처를 주지는 않았을까 하는 조심스러운 마음뿐이다. 그리고 힐러리가 반드시 차기 미국의 대통령에 당선되어서 미국만이 아니라, 전 세계가 전쟁이 없는 평화로운 세계로 이끌어 주기를 바라는 마음이 간절하다.

공부를 많이 했다고 뽐내는 학자들, 특히 겁 없이 덤벼드는 과학자들, 많이 가졌다고 뽐내는 재벌들, 그리고 자칭 지도자라고 자랑하는 정치인들을 먼저 바로 깨우쳐서 하나밖에 없는 이 지구촌地球村의 사람들이 마음 놓고 살아갈 수 있도록 세계인世界人의 행복을 가져다주 는 지도자가 되어 주기를 바란다. 이것이 힐러리에 대한 나의 작은 바 람이다.

힐러리 클린턴은 전 세계를 끌어안고 지켜줄 수 있는 '세계의 어머니 같은 여자', 즉 강철보다 강強한 여자이기에.

III

성경에서
만난
여자들

성경에서 말씀하고 있는 여인들을 다 소개하려면 아마도 끝이 없을 것이다. 성경에서 소개하고 있기 때문에 거의 모든 내용이 인물들의 신앙담信仰談이나, 선지자先知者로서 행했던 예언豫言에 대한 것들 이라고 해도 될 것이다.

그러나 그들도 우리와 꼭 같은 가냘픈 여자들이었다. 치마를 걸쳐 입고, 아이들에게 젖을 먹이고, 남편들의 뒷바라지를 하면서, 하고 싶은 말도 하지 못하고, 하고 싶은 일도 하지 못하는 아주 바보스러 운 여자들이었다.

무뚝뚝하고 우직한 남편들 앞에서는 오금도 잘 펴지 못하고, 사람 들이 보는 앞에서는 항상 웃으면서 여성스러운 모습을 보여줘야 했 으며, 남모르게 가슴을 치면서 울고, 울고, 또 울어 버리곤 했던 여자 들이었다. 누구도 알아주는 이 없는 약한 사람들이었고, 항상 뒷자리로 밀려나서 시키는 일만 하기 위해 끌려 다녔다.

그렇지만 그녀들은 보통 여인들이 아니라, 아주 특출特出하고도 강한 여자들이었다. 그들은 여자로서 걸어야 할 길을 걸었고, 그러면서도 자신들만의 삶을 살았다. 그리하여 결코 유약한 존재가 아닌, 세계를 지배했던 남편을 만들고, 역사 속에 길이 남을 아들을 낳아서 기르고 가르쳐낸 강인한 여성들이었다.

성경에는 그렇게 살아온 여자들의 이야기가 너무도 많다. 그러므로 남자들에 대한 이야기만 늘어놓는 현실의 관행을 넘어서서, 나도 여자라는 입장에서 자신감을 가지고 외쳐 보려고 한다.

여성으로서, 또 한 남자의 아내로서, 어린 자녀들을 길러낸 여자들, 그러면서도 인류의 역사를 헤쳐 나가면서, 민중을 이끌고, 앞장서서 길을 열어 주었던 여자들이 존재했다는 것을 말이다.

성경은 분명 약한 여자들만을 소개하는 것이 아니라, 남자들보다도 더 강한 여자들에 대한 말씀을 많이 하고 있다. 그러한 말씀의 이야기 들을 찾아서 소개하고, 함께 생각하면서 우리도 그렇게 믿고, 따라야 한다는 이야기를 하려고 한다. 한국사와 세계사 속의 다양한 기록들을 넘어 성경을 통해서도 여자들은 강強했다는 사실을 전하려고 한다.

01
90세에 아들을 낳은 사라

이 하늘 아래 여자의 나이 90세에 아들을 낳았다고 하면 그 말을 누가 믿겠는가? 그러나 그녀의 나이 아흔 살에 아들을 낳았고, 그 아들 이 우리가 믿는 믿음의 조상 중 한 사람인 이삭 Isaac이라는 사람이기 때문에 이삭의 어머니에 대한 이야기를 해야겠다.

우리 기독교에서 말하는 믿음의 조상祖上이요, 이스라엘이라는 나라의 국부國父요, 무슬림 종교의 창시자創始者인 아브라함 Abraham의 아내가 바로 여기에서 생각해 보려는 사라Sarah라는 여자다.

아브라함은 믿음의 조상으로서, 하나님의 부르심을 먼저 받았으므로, 그의 전 생애는 곧 순종신앙順從信仰으로 일관했다. 이러한 아브 라함의 순종신앙은 하나님과의 언약言約을 믿었기 때문에 가능했다. 그러므로 아브라함의 믿음의 특징特徵은 순종하는 신앙이었다. 어떠 한 경우에도 하나님의 명령이면 무조건 "예."하고 순종했다. 아브라 함의 신앙의 본질本質은 하나님의 언약을 믿었기 때문에 무조건 순종을 하게 되었다는 의미에서, 언약신앙言約信仰이라고 해야 한다.

이러한 아브라함을 남편으로 받아들이고, 그를 따라서 살아온 사라를 생각하면 생각할수록 너무도 화가 난다. 그녀의 남편 아브라함에 대해서는 믿음의 조상이라고 하여 귀가 따가울 정도로 자랑삼아 이야기를 하면서도, 사라에 대한 이야기는 지나가는 말로만 소개하고 있을 뿐, 정작 그녀에 대한 이야기는 지나쳐 버리고 있기 때문이다.

사라라고 하는 여자는 사람들이 보기에는 아주 약하고 바보스러운 한 여자에 불과했다. 그러나 더 자세히 알고 보면 사라라는 여자는 바보가 아니라 아브라함의 순종신앙 이상으로 순종했던 믿음의 여자였다. 어느 누구도 감히 따라할 수 없는 사라만의 순종하는 믿음이 있었던 것이다.

아브라함의 이복 누이

우리 믿음의 조상 아브라함의 아버지는 데라Terah이다. 데라는 나 홀^{Nahor}의 아들로서, 본래 메소포타미아 지방의 우르에서 살아오다가, 온 가족들을 이끌고 하란 땅으로 옮겨서 살았다. 확실치는 않으나 전설에 의하면, 하란 땅으로 옮겨온 데라는, 그 당시에 메소포타미 아 지방에 온갖 미신적迷信的인 신앙의 풍속이 유행했으므로, 우상偶像을 만들어서 파는 우상 장사였다고 한다.

데라는 아브라함과, 나홀, 하란이라는 세 아들들을 낳았다. 그러나 그의 막내아들인 하란은 우르에서 일찍이 죽었기 때문에 데라의 아들로는 아브라함과 나홀 형제밖에 없었다. 그리하여 아브라함은 사라와 결혼을 했고, 나홀은 일찍이 하란 땅에서 죽은 하란의 딸 밀가 Milchah와 결혼을 했으니, 이는 자기의 조카딸과 결혼을 했다는 말이 다.

그런데 아브라함의 아내가 된 사라는 '아브라함의 이복 누이'라고 했으니, 이는 곧 '배 다른 자매姉妹'로, 아브라함의 아버지 데라가 축첩蓄妾을 했다는 것을 알게 한다.^(창20:12)

아브라함의 아내 사라의 본래 이름은 사래^{Sarai}로, 하나님의 명령으로 개명改名하여 '사라'라고 하였는데, 그 이름의 뜻은 '여러 민족의 어머니'이다.

여기에서 우리가 반드시 알고 넘어가야 할 것 한 가지가 있다. 즉, 아브라함이 그의 이복 여동생인 사라와 결혼을 했고, 그의 동생 나홀은 또 일찍이 죽은 그의 동생 하란의 딸 밀가와 결혼을 했으니, 자기 가족끼리의 결혼이었다는 것이 특이하다고 할 것이나, 그 당시의 풍속으로 볼 때 별로 문제 될 것이 없는 일이었다. 인류人類는 처음부터 이합집산離合集散되는 것이 아니라, 한 뿌리에서 분산되어 나갔기 때문에, 그 당시의 가족끼리 결혼을 했다는 것은 자연스러운 일이었다는 것을 알아야 한다.

사라의 끝없는 유랑 생활

아브라함과 사라가 몇 살에 결혼했다는 기록은 없다. 그러므로 그들의 결혼이 언제였는지는 알 수가 없으나, 아브라함의 나이 75세에 하나님의 부르심을 받고 갈데아 우르를 떠났으니, 그때 사라의 나이는 아브라함보다 10살 아래인 65세였다는 것만은 미루어 짐작할 수가 있다.

사라는 우르 땅에 있을 때 아브라함과 결혼을 해서 신혼생활新婚生活이 시작되었으나, 그 당시에 아브라함은 유목민遊牧民으로서 목축업牧畜業을 생계의 수단으로 삼았기 때문에 사라도 당연히 신혼생활의 초기부터 가축家畜을 몰고 다니면서 풀을 먹이는 일과, 우물로 몰고 가서 물을 먹이는 일들을 도왔을 것으로 짐작된다.

그런데 사라는 출산出産을 하지 못했기 때문에 그녀의 자녀, 곧 아들이 없었으므로 가계家系를 중요시했던 당시의 풍속으로 볼 때 그녀의 가슴속은 새까맣게 타 있었을 것임을 짐작케 한다.

사라는 매우 아름다운 미녀美女였다. 아들을 낳지 못한 유목민의 아내, 천성적으로 타고난 미모美貌를 가진 사라가 겪어야 했던 속사정은, 한 여자로서 그녀의 또 다른 모습들을 우리에게 보여 주고 있다.

아브라함이 하나님의 명령을 받고 그의 아내 사라와, 조카 롯 Lot을 거느리고 갈데아 우르에서 떠나, 처음으로 정착한 곳은 가나안 사람들이 살고 있던 세겜 땅으로, 모래 상수리 나무 아래에 장막帳幕을 치는 것으로부터 시작된다. 그 다음에는 약간 동쪽으로 옮겨서 벧엘과 아이 지역 사이에 또 장막을 치고 살았다. 이것이 자리를 옮겨 가면서 살아야 하는 유목민으로서 살아가는 방식이었다고 할지라도, 한 여성의 몸으로 사라에게는 감당하기 어려운 고통스러운 삶이었다는 것을 알 수 있다.

산수인심山水人心이 다 서투른 이역異域에서 양羊 떼를 몰고 떠도는 신세가 무슨 위로와 낙이 있었겠는가? 날이 새면 목초牧草가 푸르른 풀밭을 찾아 헤매야 했고, 우물을 찾아서 양들에게 물을 마시게 해야 했다. 그리고 밤이면 어김없이 양들을 잡아먹겠다고 몰려오는 이리 떼들에게서 양을 지키기 위해 밤을 새며 파수꾼 노릇을 해야 했다.

어쩌면 사라의 생애는 짐승들과 함께 짐승들처럼 살면서, 불평불만 한마디 하지 못하고 가슴속에 품고 살았어야 하는 기박奇薄한 운명이 었다. 그러나 사라에게 그런 것들은 별로 힘든 일이 아니었고, 당연 한 일상생활로서 받아들여졌다.

남들처럼 아들딸을 낳아서 가문을 이어 주고, 자기의 노후가 보장 되는 삶이 아니라 눈만 뜨면 양 떼를 몰아야 하고, 우물을 찾아서 헤매야 하고, 밤이면 또 야수와 싸워야 하는 생활이 한평생 되풀이되었다면, 사라의 운명을 미루어 짐작할 수 있을 것 같다.

얼굴이 예쁜 것도 유죄인가?

앞에서 이야기했듯이, 아브라함의 아내 사라는 절세의 미인이었다. 미인이라는 말이 붙을 정도로 언제나 얼굴의 표정이 밝아야 하고, 차림새가 단정해야 하며 모든 사람들에게 호감好感을 풍겨야 한다면, 사라는 고된 일을 하면서도 여자로서의 품격을 잘 지켜 나간 미녀였다는 것을 알게 한다.

그런 사라와 아브라함이 벧엘과 아이 사이에 장막을 치고 양을 치다가 뜻하지 않은 가뭄이 심하여 하는 수 없이 조카 롯을 데리고 멀리 애굽으로 내려가서 지내야만 하게 되었다.

애굽은 나일 강을 끼고 많은 목초장牧草場이 있었기 때문에 웬

만한 가뭄에는 큰 걱정을 안 해도 될 정도였다. 그래서 일단 아브라함이 자기의 가족들과 양떼를 이끌고 애굽으로 가게 된 것인데 차마 남들에게 말하지 못할 고민이 있었다. 그 고민이란, 곧 자기의 아내 사라가 너무도 미인이라서 행여 애굽 왕이 사라를 연모하여 자신을 죽이고 사라만 데려갈 경우, 아내를 빼앗기고 억울하게 죽임을 당할 수도 있다는 것이었다.

그리하여 아브라함은 미리 그의 아내 사라와 상의 끝에, 사라가 아내라는 것을 감추고 누이동생이라고 하여, 아브라함이 죽는 것을 피해 보려고 했다. 그런데 미리 예상했던 대로, 가나안 땅에서 온 아브라함이라는 사람이 절세미인과 함께 애굽으로 왔다는 소식을 전해들은 애굽 왕은 사라를 궁으로 불러들였다. 그리고 사라에게 물었다.

"너와 함께한 남자 아브라함과는 어떤 관계인가?"

"예, 소녀의 오라비입니다."

"그럼 부부가 아니라는 말이지?"

"예, 그렇습니다. 우리는 서로가 배 다른 형제일 뿐입니다."

"그럼, 됐군."

애굽 왕은 마음 놓고 사라와 동침할 것을 획책했다. 그런데 사라가 애굽 왕과 동침을 하려고 했던 그날 밤, 하나님의 사자가 애굽 왕에게 나타나서, 사라는 아브라함의 아내이니 함부로 동침을 해서는 안 된다고 엄히 경고警告하였다.

애굽 왕은 깜짝 놀라서 아브라함을 불러다가 자초지종을 들었다. 아브라함은 사라가 자기의 이복누이라는 것과, 자기가 왕에게 잡혀서 죽을 것이 두려워서 그렇게 꾸몄다는 것을 다 털어 놓았다. 아브라함의 말을 들은 애굽 왕은 사라를 아브라함에게 돌려주었을 뿐만 아니라, 오히려 후한 선물로 아브라함을 도왔으므로 하나님께서는 그 일로 애굽 왕에게 큰 복을 더해 주셨다.

성경은 이를 매우 간단하게 기록하고 있으나, 사라의 생애를 통해서 또 한 번 그녀의 미모로 인해 위기를 당한 일이 있었다는 이야기를 담고 있다. 즉, 애굽에서 돌아온 아브라함은 아직 이삭을 낳기 이 전에 네게브 땅으로 옮겨서 그랄 지방에서 살게 되었는데, 그랄 왕 아비멜렉Abimelch이 사라의 미모에 빠져서 그녀를 자기의 아내로 삼고자 한 일이 있었다. 만약에 이때도 하나님께서 사라를 지켜 주지 않으셨다면 아브라함은 미모의 아내를 둔 탓으로 억울하게 잡혀서 죽 게 되었을 것이고, 사라는 그랄 왕 아비멜렉의 후실後室이 될 뻔했다. 바로 이러한 사실이 사라의 생애에서 본의 아니게 겪어야 했던 또 다른 괴로운 일이었다.

남들이 알아주지 않는 사라의 고민

아브라함이 사라와 그의 조카 롯을 데리고 애굽에서 다시 네게브로 돌아왔을 때에는 그런대로 여유가 생겨 넉넉한 부자富者가 되어 있었다. 그것은 어느 곳으로 가든지 아브라함이 하나님의 축복을 누렸고, 또 부지런히 살았다는 것을 말해 준다. 더구나 그는 애굽의 파라오에게 많은 금은보화金銀寶貨를 선물로 받았다. 그리하여 아브라함은 다시 벧엘과 아이 사이에 장막을 짓고 살게 되었다.

그런데 재산이 늘어나고, 가축들이 많아짐에 따라 뜻하지 않게 문제가 발생하게 되었다. 아브라함은 자기의 조카 롯의 장래를 위해서 그가 일한만큼 양들을 그의 몫으로 나누어 주었는데, 그 양 떼가 늘어 남에 따라 양을 치던 노비奴婢들 사이에서 자주 다툼이 일어나게 되었다. 아브라함의 노비들과 롯의 노비들 사이에 초장草場은 물론 우 물로 인한 다툼이 자주 일어났던 것이다.

이대로 가다가는 안 되겠다는 것을 알게 된 아브라함은 어느 날 그의 조카 롯을 불러서, 이제는 서로 헤어져서 독립하여 살아가자고 했다. 이는 당연한 순서라고 할 것이나, 여기에서 또 다른 문제가 생겼다. 조카 롯을 불러 세운 아브라함은 말했다.

"조카야, 이제는 우리가 서로 헤어질 때가 된 것 같다."

"숙부님, 우리가 헤어지다니요? 왜 헤어져야 합니까?"

"이제는 너와 나의 양 떼들도 많고, 노비들끼리 자주 다툼도 있는 데다, 더 중요한 것은, 너도 이제는 자립해서 너의 앞날을 개척해 나가야 하지 않겠느냐?"

"그럼, 저더러 어디로 가라고 하시는 겁니까?"

"그래, 너는 이 지역에 대해서 잘 알고 있을 것이니 네가 말해 보아라."

"숙부님, 저는 숙부님께서 말씀하신대로 따를 뿐인데 어찌 제가 선택해야 합니까?"

"아니다. 네가 좌左라고 하면 나는 우右라고 할 것이고, 네가 우라고 하면 나는 좌라고 하여 서로가 부딪치지 않게 하고자 하니 네가 먼저 말해 보아라."

이렇게 하여 롯은 요단 강을 중심으로 소알 평원을 끼고 풍요 豊饒를 누리고 있는 소돔과 고모라 지역을 택하게 되었고, 아브라함은 롯이 버린 산악지대山岳地帶를 택하여, 자기 아내 사라와 종들을 데리고 양 떼를 몰아 헤브론으로 옮겨 와서 마므레 상수리 아래에 장막을 쳤다.

아브라함이 이렇게 하는 것을 보신 하나님께서는 아브라함에게 나 타나셔서, "네 눈앞에 보이는 모든 땅을 너와 네 자손에게 주리라."라고 축복을 약속해 주셨다. 그러나 자기 인생을 오직 남편 한 사람 아브라함에게 맡기고 지금까지 말없이 살아온 사라의 경우는 참으로 억울하고 고통스럽기만 했다. 이제야 재산도 넉넉해졌으니, 더 많은 수고를 하지 않아도 살아갈 것인가 했다가 뜻밖에 자기 조카인 롯에게 좋은 땅을 다 양보해 버리고, 비전박토悲田薄土를 택해서 살림을 꾸리겠다는 남편 아브라함의 처사가 참으로 야속하기도 했다.

사라는 자기의 남편인 아브라함에게 후사後嗣로 넘겨 줄 아들도 낳지 못한 채, 여자로서 있어야 할 생리生理까지 끊어져 버렸으니 이제는 임신妊娠도 할 수 없게 된데다, 아브라함이 자기 조카에게 좋은 땅은 다 넘겨 버리고 자갈밭으로 자리를 옮겨서 장막을 쳤으니, 앞으로 살아갈 일이 너무도 어둡고 막막하여 고통스럽게 느껴졌다.

가냘픈 여자로서 나이만 더해가니, 일을 할 수 있는 노동력勞動力도 전과 같지 못한데다, 또 일을 해서 부자가 된들 재산財産을 넘겨줄 후사 하나 없으니 애써서 일을 한들 무슨 소용이 있겠는가 하는 절망 감絶望感뿐이었다. 사라는 남모르게 날마다 울고, 또 울고, 울기만 하고 살았으므로 그녀의 얼굴에서 웃음이 떠난 지 너무도 오래였다.

한 여자로서 겪어야 했던 사라의 운명은 기구하기보다는 참으로 처절하게 외롭고, 너무도 불쌍하고, 가련했다.

하나님은 나를 웃기신다

헤브론에 장막을 친 아브라함은 하나님의 축복으로 재산도 넉넉하여 유복하게 살았고, 또 그 지방 나라들끼리 다투고 싸울 때는 아브라함도 그들을 상대로 겨룰 정도로 꽤 많은 노비들을 거느리고 있었고, 아모리 사람의 추장酋長들과 동맹 관계를 맺고 지낼 정도로 여유가 있었다.

그리하여 그의 조카 롯이 동방 사람들에게 잡혀갔다는 소식을 듣고, 자기의 노비들과 동맹군同盟軍을 이끌고 싯딤 골짜기까지 쳐들어 가서 동방 군을 쳐부수고 그의 조카를 구해 오기도 했고, 또 돌아오는 길에는 살렘 왕이요, 영원한 하나님의 제사장祭司長인 멜기세덱 Melchizedek을 만나서 그에게 전리품戰利品의 십분의 일을 나누어 주고 그의 축복을 받은 일도 있었다. 그러나 그에게는 그의 뒤를 이이 갈 상속자相續者, 곧 후사가 없었다.

사라는 생각 끝에 애굽에서 데리고 온 몸종 하갈Hagar을 자기 남편의 침실로 들여보내서 이스마엘Ishmael이라는 아들을 낳게 했다. 이 스마엘이 무슬림 교의 교조教祖라는 것을 모르는 이는 없을 것이다.

그런데 자기의 극진한 호의好意로 아브라함과 동침하여 아들을 낳게 된 하갈이 임신을 하기가 바쁘게 사라를 멸시蔑視하고 학대虐待하기 시작했으므로 사라로서는 억장이 무너지는 고통 속에서 눈물로 세월을 보내야만 했다. 자기의 분함과 억울함을 어느 누구에게 하소연 조차 할 수 없었고, 피눈물을 머금고 살아가는 사라의 운명은 어쩌면 꺼져 가는 심지와도 같이 기울어져 가고 있었다.

그렇게 해서 아브라함의 나이 99세요, 사라의 나이 89세가 되었을 때였다. 하루의 일을 마치고 집에 돌아온 아브라함은 손발을 씻고, 장막 문 앞마루에 걸터앉아서 땀을 식히고 있는데, 뜻밖에 두 명의 나그네가 그 앞을 지나가게 되었다.

평소에도 손님 대접을 잘 하기로 유명한 아브라함은 그들에게로 다가가서 자기 집에 들러 하룻밤 쉬어가기를 청했다.

"손님들께서 어디로 가는 누구신지는 모르겠으나 우리 집 장막에 들러서 하룻밤 쉬어가도록 하시지요."

"호의는 고마우나 우리의 갈 길은 너무 멀고 바빠서…."

"아닙니다. 우리 집 장막은 변변치 않으나 그래도 유숙해 가실 수는 있으니, 손발을 씻고 하룻밤 쉬고 가도록 하시지요."

"고마운 말씀이나, 그렇게 하면…."

"아닙니다. 날도 저물고 했으니, 발을 씻어 여독旅毒도 풀고,

제가 준비를 해서 드리겠으니 저녁을 잡수시고 푹 쉬고 가도록 하세요."

그렇게 하여 아브라함은 두 사람의 손님을 정성껏 대접하여 옆방으로 모셔 드렸다. 그리고 여담을 하면서 그들과 함께 이야기를 하고 있었다. "

이렇게 융숭한 대접을 받았는데 우리가 무엇을 당신에게 속이겠습니까? 우리는 하나님의 종으로서 소돔 고모라 성의 죄상罪狀을 알아보기 위해서 가는 중입니다."

"아니, 소돔과 고모라 성의 죄상이라니요?"

"예, 소돔과 고모라 성의 죄악罪惡이 관영貫盈하여 유황불로 심판하기 위해서 가고 있는 중입니다."

"아니, 세상에 그럴 수가…!"

소돔과 고모라 성은 아브라함의 조카 롯이 살고 있는 곳이었다. 그러한 성을 하나님께서 심판하시겠다고 하니 아브라함에게는 염려를 넘어서 두렵고 떨리는 마음뿐이었다.

소돔과 고모라 성에 대한 이야기가 끝나자 하나님의 사자들은 다시 입을 열어서 뜻하지 않았던 말을 꺼냈다.

"당신의 부인 사라는 지금 어디에 있습니까?"

"예, 제 아내는 저 방에서 쉬고 있습니다."

"그래요. 내년 이맘때면 당신 아내 사라가 임신을 하여 아들을 낳을 것입니다."

"예…? 제 아내는 벌써 나이가 많아서 임신을 할 수가 없을 것인데 그 런 일이 있을 수 있는 일입니까?"

"예, 맞습니다. 하나님께서는 사람이 못하는 일을 하실 수 있습니다. 하나님께서는 못하실 일이 없습니다."

옆방에서 손님들이 하는 말을 엿듣고 있었던 아브라함의 아내 사라는 자기도 모르게 속으로 웃어 버렸다.

'세상에, 내가 아들을 낳는다니!'

'여자로서 생리까지 끊어진 지가 언제인데, 내가 아들을 낳아?'

'아하, 하나님은 참으로 웃기신다.'

사라의 얼굴에서 웃음이 끊어진 지 얼마였던가? 사라에게는 영영 웃어야 할 일이 없어진 지 아주 오래였다. 그러한 그녀가 자기도 모르는 사이에 웃음이 터졌다. 우스워서 웃었고, 어이가 없어서 웃었고, 절망切望 속에 터져 나온 한탄恨歎으로 웃었고, 자기도 모르는 사이에 옆 방에 있는 손님들의 귀에 들리도록 크게 웃어버렸다.

사라의 웃음소리를 들은 하나님의 사자들이 벽을 사이에 두고 목소리를 크게 하여 사라에게 물었다.

"당신은 왜 웃습니까?"

깜짝 놀란 사라는 자기도 모르게 거짓말로 대답을 해야 했다.

"아니, 제가 웃다니요, 안 웃었습니다."

"허허, 당신은 웃었습니다. 웃고도 안 웃었다고 하는군요. 여하튼 내년 이맘때면 당신 부부에게 아들이 태어날 것입니다."

"……!"

아브라함도, 사라도 더 이상의 말을 하지 못하고, 입을 다문 채 묵묵 부답黙黙不答이었다

'하나님은 참으로 웃기신다.'

'하나님만이 나의 웃음을 찾아 주셨다.'

'세상에 이런 일이 있을 수 있는가.'

'사람이 못하는 일을 하나님은 하실 수 있다고 하지만, 세상에 이런 일이 나에게…?'

이렇게 해서 사라는 하나님의 사자의 약속대로 이삭이라는 아들을 낳아서 아브라함의 아들로 후사가 되게 했다. 이삭이라고 하는 이름의 뜻이 바로 '하나님은 웃기신다'이다. 이삭이 곧 아브라함의 참 아들이요, '하나님의 언약의 아들'이요, '하나님

의 선민의 조상祖上'이 되었다.

절망 속에 빠진 사람의 마음을 열어서 웃게 해 주시는 하나
님, 인 간들이 말하는 생리적生理的인 법칙을 깨뜨리고 90세에
아들을 낳게 하시는 하나님이 바로 사라로 하여금 웃게 하셨다.
웃어야 할 사라가 웃음을 잃고 살았는데, 하나님께서 그 사라의
웃음을 되찾아 주셨다.

사람으로서는 할 수 없다고 하여 이미 포기해 버린 지가 오래
인 사라에게 아들을 낳게 해 주신 하나님은 참으로 웃기시다.
하나님께는 불가능이 있을 수 없다는 것을 알게 하시는 하나님,
우리 인간의 생명은 하나님께서 주신다는 교훈으로 우리의 믿
음을 일깨워 주시는 하나님, 바로 그 하나님이 내가 믿는 '아버
지 하나님'이시다.

02
모세의 어머니, 요게벳

이스라엘 민족의 해방자解放者요, 구약성경 율법律法의 기자記者요, 유대교의 교주요, 유대인의 영웅으로 통하는 모세Moses의 이야기는 세계의 사람들이 너무도 잘 알고 있다. 그런데도 그의 어머니 요게벳Jochebed에 대해서는 너무도 모르고 있다.

모세가 영웅이었던 것은, 영웅 이전의 영웅인 모세의 어머니 요게 벳이라는 여자가 있어서였다. 모세가 이스라엘 민족의 해방자였던 것은, 모세 이전의 해방자, 모세의 어머니 요게벳이 있어서였다. 또 한 모세가 하나님의 율법을 기록한 기자記者였던 것은, 모세보다도 앞서서 하나님의 율법을 마음속에 간직하고 있었던 모세의 어머니 요 게벳이 있어서였다.

만약에 모세가 강하고 강한 사람이었다면, 모세보다도 더 강한 여자, 그의 어머니 요게벳이 있어서였다는 이야기를 하고 싶다. 모세를 안다고 하면서 그의 어머니 요게벳을 모른다는 것은 아무리 좋게 생각을 해도 불공평한 것이다. 이론이 아니라, 실천적實踐的인 성차별 이라는 말을 해야겠다.

모세의 어머니 요게벳은 참 여성의 상을 말해 주며, 참 어머니의 상을 보여 준다. 그녀는 하나님을 향한 참 믿음을 보여 주면서 참 교육의 뜻을 우리에게 가르쳐 준다.

그러한 이야기들을 모아 모세의 어머니 요게벳은 강했다는 것을, 우리 여성들도 모세의 어머니처럼 강한 여자라는 것을 말하려고 한다.

모세의 어머니

성경에 모세의 어머니, 요게벳에 대한 자세한 기록이 없어서 더 많은 자료를 찾을 수 없다는 것이 아쉽다. 성경에서 보여준 대로 모세의 아버지와 어머니는 다 같은 레위지파의 사람들이었다.

야곱의 셋째 아들이었던 레위에게는 게르손Gershon과, 고핫Kohath, 므라리Merari 등 세 아들들이 있었다. 그런데, 고핫의 아들 아므람 Amram은 아버지의 누이 요게벳을 그의 아내로 맞았으니, 바로 아므 람과 요게벳 사이에서 미리암Miriam과, 아론Aaron,

모세가 태어났다.(출6:16-20)

모세의 어머니, 요게벳에 대해서는 성경에서 말씀하고 있는 그 이상의 자세한 내용은 알 수가 없다. 그러나 모세라는 인물이 너무도 크고 훌륭하기 때문에 모세에 대한 이야기를 하기 위해서는 먼저 그의 어머니, 요게벳에 대한 이야기를 결코 소홀하게 넘길 수 없다. 역사 속에 등장한 위인이나 영웅들을 말하기 위해서는 그를 낳아서 그렇게 가르치고 기른 어머니에 대한 이야기를 반드시 해야 한다는 말을 하고 싶다.

이스라엘 백성들은 요셉이 애굽의 국무총리로 있을 때 너무도 행복하게 살았기 때문에, 요셉의 치적에 대한 이야기 외에는 별로 기록이 남아 있지 않다.

그러나 요셉이 죽고 애굽의 새 왕이 등국登國한 후에는 요셉에 대한 공적을 생각하지 않았으므로, 이스라엘 백성을 노예奴隷로 부리게 되었다. 바로 그때가 이스라엘 백성이 나일 강에서 가까운 고센이라는 땅에서 살고 있을 때였다. 그러니까 아마도 BC 1500-1400년대의 일이라고 생각하면 될 것이다.

애굽의 역사로 보았을 때 모세가 태어난 때는 아마도 애굽의 제18대 왕조 아하오세Ahaose 왕의 손자孫子, 파라오 투트모세 1세 Thutmose I의 통치시대가 아닌가 하고 생각해 본다.

하지만 모세의 어머니, 요게벳에 대해서는 성경에서 소개하고 있는 대로 미리암과 아론, 모세 등 3남매를 낳았다는 것 외에는 다른 기록을 찾아보기가 어렵다. 그리하여 성경은 요게벳의 가정환경에 대해서도 막연히 '레위 가족 중 한 사람이 레위 여자에게 장가들어….'라고 기록하여 더 이상의 역사적인 근거를 남겨두지 않고 있다.(출2:1)

그러므로 우리가 모세의 어머니, 요게벳에 대한 이야기를 하기 위해서는 요게벳의 아들 모세라는 사람의 인물됨에서 유추적類推的인 해석을 하는 수밖에 없다는 아쉬움을 남긴다.

모세의 어머니, 요게벳은 첫 번째로 미리암이라는 딸을 낳았고, 다음에는 아론과, 모세라는 두 아들을 낳았는데, 이들 3남매가 다 이스라엘 민족 해방의 선봉에 서서 출애굽의 백성들을 이끌었으니, 그들을 낳아서 길러 낸 어머니, 요게벳에 대해서는 다른 기록이 없더라도 우리들로 하여금 요게벳이라고 하는 여자는 어떠한 인물이었는지 짐작하게 한다.

요게벳의 신앙심과 어머니로서 행한 모성애 외에 교육적인 훈련과, 선민사상에 대한 이스라엘 민족의 혼은 아무도 넘볼 수 없는 신비적神秘的인 경지였다고밖에 다른 표현이 있을 수 없다.

환경環境의 지배支配와, 교육적인 훈도訓導와, 신앙적인 영성靈性의 영향影響을 떠나서 사람됨을 설명할 수 없다는 것을 알고 있다. 이런 의미에서 생각할 때 모세의 활동과 그의 생애를 통해서 보는 모세의 어머니, 요게벳이 어떠한 여성이었고, 어떠한 어머니였는지 미루어 짐작할 수 있다.

애굽에서 겪은 이스라엘 백성의 고난

이스라엘 백성이 애굽에서 혹독^{酷毒}한 노예 생활을 하게 되었던 데는 그럴만한 이유가 있어서였다. 이스라엘 백성이 애굽에 들어온 지 벌써 400년도 지났지만, 아무리 오랫동안을 살았다고 할지라도 그들은 이스라엘 사람이지 결코 애굽인이 아니라는 점이었다. 애굽인이 아닌 이스라엘 민족은 끝까지 남의 나라 백성으로서 언제든지 돌아 설 수 있는 가능성을 가지고 있다고 보았기 때문이다.

이스라엘 백성이 400년 전 처음으로 애굽에 들어올 때에는 불과 70 여 명 정도였으나, 오랜 세월이 흘러오는 동안 그들의 수기 100만 명 도 넘게 되었으니 애굽의 입장에서는 이스라엘 백성들에 대한 불신 과 불안감이 끊이지 않았다. 이스라엘 백성들의 선민사상은 어떠한 방법으로도 막을 수 없는 절대적인 힘으로 작용하게 될 것이라는 것 을 알고 있었던 것이다.

그리고 이들 이스라엘 사람들이 지니고 있는 노동력^{勞動力}을 잘 활용하기만 하면 나라의 건설 발전에 크게 기여하게 될 것이라는 생각도 갖고 있었다. 애굽 사람들이 이스라엘 백성을 얼마나 가혹하게 부려먹었는지 하나님께서 모세를 부르실 때 하신 말씀을 되돌아보면 이해가 될 것이다.

"여호와께서 이르시되, 내가 애굽에 있는 내 백성의 고통을 분명히 보고 그들이 그들의 감독자로 말미암아 부르짖음을 듣고, 그 근심을 알고, 내가 내려가서 그들을 애굽인의 손에서 건져내고, 그들을 그 땅에서 인도하여 아름답고 광대한 땅, 젖과 꿀이 흐르는 땅, 곧 가나안 족속, 헷 족속, 아모리 족속, 브리스 족속, 히위 족속, 여부스 족속의 지방에 데려가려 하노라. 이제 가라. 이스라엘 자손의 부르짖음이 내게 달하고, 애굽 사람이 그들을 괴롭히는 학대도 내가 보았으니, 이제 내가 너를 파라오에게 보내어 너에게 내 백성 자손을 애굽에서 인도하게 하리라."(출3:7-10)

성경은 '이스라엘 백성들이 애굽에서 비돔과 라암셋에 애굽의 국고성國庫城을 건축했다'고 기록하고 있다.(출1:11)

평소에도 이렇게 노예민奴隷民으로서 혹사를 당하고 있던 이스라엘 백성들은 모세와 아론 형제의 등장과 해방 운동으로 인하여 더 심한 고역苦役을 당하게 되었다. 과거에는 건축에 필요한 자재資材를 정부에서 지원해 주었으나, 모세가 파라오를 알현謁見한 후로는 건축자 재建築資材에 필요한 것들을 직접 조달해야 했으니, 모세의 참뜻을 바로 이해하지 못한 이스라엘의 장로들과 백성들로서는 모세와 아론에 대한 불만이 높았을 것은 당연한 일이었다고 생각된다.

그리하여 '모세와 아론이 처음으로 애굽의 파라오를 알현하고 애굽궁에서 쫓겨난 후 하나님께 원망스러운 호소를 했다'는 말씀이 성경에 담겨 있으므로 그대로 옮겨 본다. (출5:22~23)

"모세가 여호와께 돌아와서 아뢰되, 주여, 어찌하여 이 백성이 학 대虐待당하게 하셨나이까? 어찌하여 나를 보내셨나이까? 내가 파라오에게 가서 주의 이름으로 말한 후로부터 그가 이 백성을 더 학대 하며, 주께서도 주의 백성을 구원하지 아니하시나이다."라고 했다.

이때 여호와 하나님께서는 모세에게 아주 의미심장한 말씀으로 위로와 격려를 하신 다음에 다시 모세를 파라오에게 보냈다.

"여호와께서 모세에게 이르시되, 이제 내가 파라오에게 하는 일을 네가 보리라. 상한 손으로 말미암아 파라오가 그들을 보내리라. 강한 손으로 말미암아 그들을 그의 땅에서 쫓아내리라."(출6:1)

우리가 말하는 이스라엘 백성들의 출애굽에 대한 사건은 전적으로 하나님의 의지意志였고, 하나님의 행동行動이었다는 것을 알게 한다. 이때 모세는 하나님으로부터 소명을 받고, 하나님의 명령에 따라서 이스라엘 백성을 인도했는데, 그 일은 아무나 해낼 수 있는 것이 아니었다.

모세는 한 사람의 자연인으로서 그 모든 일들을 해낸 것이 아니라, 하나님의 은혜와 깊은 신앙심, 태산을 옮길 수 있는 믿음의 기도, 어머니 요게벳이 행한 유아교육幼兒教育 덕분에 해낼 수 있었던 것으로 보인다.

분명히 한 사람의 운명運命은 우연히 만들어지는 것이 아니다. 첫째는 하나님으로부터 택擇하심을 받아야 하고, 그 다음에는 죽음을 뛰어넘는 연단을 받아야 한다. 바로 그 연단의 방법이 첫째는 교육이요, 다음은 경험의 축적이다. 그것은 사탕 맛이 달다는 것을 사탕을 먹어 본 사람만이 아는 것과 같다. 사람이 천운天運을 타고나야 한다 는 말도 맞는 말이다. 그러나 더 중요한 것은 그 사람의 교육과, 사람으로서의 노력과 경륜에 있다.

그래서 우리는 모세라는 인물을 말할 때 하나님과의 관계에서 모세를 알아야 하고, 모세의 어머니 요게벳의 정성이 어떠했는가를 알아야 한다.

아들을 낳기는 낳았으나

여기서부터는 좀 더 구체적으로 모세의 어머니, 요게벳에 대한 이야기를 하려고 한다. 이스라엘 백성들이 애굽에 들어가서 살게 된지 350년쯤 되었을 때다. 애굽 왕은 이스라엘 백성들이 남달리 특이特異하다는 것을 알았다.

그들의 출산률이 애굽 사람들보다 더 높은데다가, 좀처럼 애굽 사람들과 동화同和되지 않아서, 만약에 애굽이 어떤 다른 나라와 전쟁 라도 하게 될 경우 이스라엘 백성들은 언제든지 돌아서서 애굽 사람들에게 칼을 휘두를 것이라는 불안감까지 가지게 되었다.

그러므로 그들을 단순히 노역奴役에만 종사하게 할 것이 아니라, 남자아이의 출산을 막아야 하겠다는 반인륜적反人倫的인 음흉한 음모陰謀를 꾸미게 되었다. 그리하여 만약에 이스라엘 사람의 여자가 아이를 낳을 때 산파産婆들로 하여금 사내아이는 죽여 버리도록 하였다.

그러나 그 당시에 대표적인 히브리인의 전담 조산원助産員으로 일했던 십브라Shiphrah와 부아Puah는 평소에 하나님을 믿는 신앙이 두터운 조산원이었으므로, 히브리 여인들이 조산을 할 때 남자아이를 죽이지 않고 살린 다음 왕에게 보고하기를, "히브리 여인들은 애굽의 여인과 같지 아니하고, 건강하여 산파가 그들에게 이르기 전에 해산 하였더이다."라고 파라오를 속여 가면서까지 이스라엘 여인들의 출 산을 변명하면서 남아男兒의 출산을 막지 않았다. 그들이 이렇게 하 나님 앞에서 선善하였으므로 하 나님께서는 그들에게 복을 더하여 더욱 행복하게 살아갔다.

　바로 그러할 즈음에 히브리인으로서 레위지파에 속한 아므람 과 요게벳 사이에 사내아이가 태어나게 되었다. 바로 이 사내아 이가 모세인 것이다. 이 아이의 이름을 지은 것은 그의 부모가 아니라, 후일에 파라오의 딸인 공주가 이 아이를 '물에서 건졌 다' 하여 지어 준 것이다. 그런데 여기에서부터 모세의 어머니, 요게벳이라는 여자에 대하여 다시 한 번 더 생각해 보아야 할 필요를 느낀다.

　히브리인의 여자들이 사내아이를 낳으면 산파로 하여금 그 아이를 죽여 버리게 하는 지엄한 왕명王命이 내려져 있을 때 요 게벳은 아들을 출산했다.

　그런데 새로 태어난 어린 아이의 모습이 어찌나 아름답고 준 수俊秀하여 잘생겼던지 그녀와 남편은 다음의 일 같은 것은 생 각할 여유도 없이 무조건 이 어린아이를 숨겨서 석 달 동안이나 길러냈다. 그러나 아이가 자라면서 울음소리가 밖으로 새어나 기도 하려니와, 사람들의 입을 통해서 번져 나가는 소문을 견딜 수 없다는 것을 알게 되었다.

　그리하여 아므람과 요게벳 부부는 밤낮없이 근심 속에 눈물 을 흘리면서 서로 상의를 했다.

"여보, 이 일을 어떻게 하면 좋겠소?"

"글쎄, 난들 어떻게 해야 할지 별수가 없구려…."

"그렇다고 우리 애기를 죽일 수는 없지 않소?"

"죽이다니, 이렇게도 잘나고 예쁜 우리 아이를 왜 죽여야 합니까?"

"여보, 우리가 믿는 하나님께서는 살아 계시니, 모든 것을 살아 계신 하나님께 맡기고 기도나 합시다."

"그야 물론이지요. 지금까지도 그렇게 했으니, 남은 일은 하나님께 맡기고 기도를 합시다."

"그렇지만, 우선 당장…."

이렇게 부부가 생각하고 의논을 거듭한 끝에 그 다음에 일어날 일과 아이의 운명에 대해서는 살아 계신 하나님께 맡기기로 하고 아이를 나일강에 띄워 보내기로 했다. 그리하여 이들은 우선 나일 강변에 널려 있는 갈대를 모아가지고 와서 그것을 엮어서 갈대 상자를 만들고, 물이 새어들지 않게 하기 위해서 역청과 나무의 진律을 칠한 다음 예쁜 강보襁褓에 싸서 상자箱子 안에 담고 아이를 나일강에 띄워 보낸다.

품 안에 있는 어린 아이를 보내는 어머니의 마음은 차라리 자기가 죽어서라도 이 아이를 살릴 수만 있다면 대신 죽어 주고 싶은 마음이었다.

"살아 계신 하나님 아버지, 이 어린 아이를 살려 주세요. 죽이지 말고 살려 주세요. 제발 살려 주세요…!"

그렇게 아이를 갈대 상자에 담아서 나일 강에 보낸 어머니, 요게벳은 자기의 딸이요, 아이의 누이인 미리암으로 하여금 해가 질 때까지 나일 강변에 붙어 숨어서 아이가 어떻게 되는지를 지켜보라고 했다.

그때 모세의 누이 미리암은 여섯 살 쯤 되었으므로 어머니의 말씀을 따라서 자기 동생이 어떻게 될 것인가 하는 것을 지켜볼 수 있었다. 그런데 석양쯤 되어 뜻하지 않았던 일이 벌어졌다.

파라오의 딸, 공주가 목욕沐浴을 하기 위해서 몇 명의 시녀들을 거느리고 나일 강으로 나온 것이다. 그리고는 예쁘게 만든 갈대 상자가 강물 위에 떠 있는 것을 발견했다.

"얘들아, 저게 무엇이냐?"

"공주님, 무엇인지 알 수가 없군요."

"얘들아, 저 상자 속에 무엇이 있는지 당장 건져 오너라."

이렇게 해서 아이가 담긴 갈대 상자는 공주의 손에 들어오게 되었다.

"세상에 이럴 수가? 갈대 상자 안에 예쁜 사내아이가 들어있지 않느냐?"

"공주님, 아마도 히브리 여인이 낳은 아이인 것 같습니다."

"그렇구나, 아이가 너무도 잘생겼으니 내가 데려다가 길러야겠다."

"공주님, 아이는 젖을 먹여야 하는데 어떻게 데려다가 기릅니까?

" 여기까지 지켜보고 있던 미리암이 공주에게로 다가갔다.

"너는 누구냐?"

"여기에서 강물을 보면서 놀고 있었어요."

"그래, 너는 이 갈대 상자를 못 보았느냐?"

"노는데 팔려서 못 보았어요. 아이 참, 아기가 예쁩니다."

"네가 보기에도 이 아이가 예쁘냐? 이 아이를 내가 데려다가 기르고 싶은데 젖이 없구나…."

"공주님, 제가 아는 히브리 여인 중에 젖이 나오는 분을 알고 있는 데, 그분에게 맡겨서 젖을 먹여 달라고 하시면 어때요?"

"아, 그것 참 좋은 생각이구나. 나를 그분에게로 좀 안내해 줄 수 있겠니?"

이렇게 하여 미리암은 공주를 자기 어머니, 곧 아이의 어머니인 요게벳에게 안내했다. 그렇게 되기까지 아이의 어머니 요게벳과, 그의 딸 미리암 사이에는 행여 공주에게 발각되지나 않을까 하여 두려움 속에서 눈짓으로만 뜻을 전달했다.

그런 줄도 모르고 공주는 아주 친절하게 요게벳에게 아이의 유모가 되어서 잘 길러 달라고 신신당부했다.

"이 아이가 젖을 뗄 때까지만 좀 맡아서 길러 줄 수 있지요?"

"공주님의 말씀인데 어찌 거역을 하겠습니까?"

"그렇게만 해 주신다면 내가 알아서 사례를 하겠으니, 수고를 좀 해 주세요."

"예, 그렇게 해 드리겠습니다."

공주는 요게벳에게 많은 사례비謝禮費까지 주면서 아기가 젖을 떼면 데려갈 것이니 그때까지는 책임지고 길러 달라고 부탁했다. 이렇게 해서 모세는 애굽 공주의 비호 아래 특별한 보살핌 속에서 자라게 되었다. 이렇게 된 것이 바로 하나님의 은혜요, 보살핌이었다.

그날 밤 아므람과 요게벳 부부는, 이렇게 된 것은 필시 하나님의 섭리攝理라는 것을 깨닫고 하나님께 감사한 마음으로 이 아이의 장래를 살펴 주기로 했다.

요게벳의 유아교육

우리는 이미 맹모의 삼천지교나, 단지기훈에 대한 이야기를 잘 들어서 알고 있다. 그러나 맹자의 어머니의 경우는 자유로운 선택에 의해서 아들에게 교육환경을 바로 조성해 주는데 기여했다고 한다면, 여기 모세의 어머니 요게벳의 경우는 그와는 전혀 다른 신비적이고도 지극정성至極精誠을 쏟아 부은 기적적인 경우라고 해야 할 것이다.

그녀는 자기가 낳은 아들을 기르면서도 오직 유모乳母 이상의 어떠한 표현도 하지 못했고, 단 한 번도 '어머니'라는 천륜天倫의 입장에도 서 보지 못한 채 남모르는 정성을 어린 아기에게 쏟아 부었다. 요게벳은 모세에게 젖을 먹이면서 기르는 동안 자주 궁중과의 교류도 있었을 것이다.

요게벳이 공주와의 약속대로 젖을 떼기까지라고 하였으니, 아마도 어린 모세의 나이는 세 살에서 많아야 다섯 살 정도였을 것이라고 생각된다. 이 기간 동안에 젖을 먹여서 기른다는 것은 그렇게 어려운 일이 아니라고 할 것이다. 그러나 요게벳은 아기에게 젖을 먹이면서 어 떻게 했을까를 한번 상상해 보면 될 것이다.

유모가 되어 아기에게 젖을 먹이면서는 물론, 젖을 먹인 다음 재워 놓고 어린 아기의 모습을 바라보는 요게벳의 마음은 찢

어지는 듯이 아팠을 것이다. 요게벳은 그러한 때를 어떻게 견딜 수 있었을까. 모성애만으로는 해낼 수없는 일을 해냈다. 말도 못하는 젖먹이 어린 아기와 대화도 할 수 없었으나, 요게벳은 대화對話 이상의 정성을 쏟았다는 것을 알게 한다.

히브리서의 기자가 모세에 대하여 기록하기를, "믿음으로 모세는 장성하여, 파라오의 공주의 아들이라 칭함 받기를 거절하고, 도리어 하나님의 백성과 함께 고난 받기를 잠시 죄악의 낙樂을 누리는 것보 다 더 좋아하고, 그리스도를 위하여 받는 수모誰某를 애굽의 모든 보화寶貨보다 더 큰 재물財物로 여겼으니, 이는 상 주심을 바라봄이라." 라고 했다. (히11:24-26)

기록된 내용을 통해서 생각해 볼 때, 모세가 그의 어머니 요게벳에게서 젖을 먹으면서 자랄 때, 자기는 애굽 사람이 아니라, 하나님의 선민 히브리인이라는 것을 알고 있었다는 사실을 알 수 있다.

그렇다면 대관절 요게벳은 어떠한 육아교육을 했기에 말도 못하는 모세에게 그토록 강한 선민사상과 구국救國의 뜻을 품게 해 주었을까? 물론 이는 인위적人爲的인 교육에서라기보다는 하나님의 신비적인 기적奇蹟이라고 할 것이나, 동시에 그에게 젖을 먹인 어머니 요게벳의 간절한 기도의 정성이 쌓였기 때문이라고 속단을 해도 될 것이다.

어린 모세에게 젖을 먹여서 기르는 동안 요게벳은, 하나님께서 자기의 기도를 들어주시지 않고는 배기지 못할 만큼의 지극 정성으로 기도했을 것임을 미루어 짐작케 한다.

"이 아이의 생명을 구해 주신 하나님 아버지, 이 아기가 애굽의 궁 중으로 들어갈지라도, 결코 애굽 사람이 아닌 하나님의 선으로 살아 가게 해 주세요. 그리고 이 아이가 자라서 반드시 자기 백성을 살피 고 돌보아 주는 사람이 되게 해 주세요. 우리의 조상 아브라함과 이삭과 야곱에게 하신 하나님의 언약을 이루어 드리는 아이가 되게 해 주세요…."

이러한 요게벳의 기도는 마침내 하나님의 마음을 움직였고, 어린 아들의 마음을 묶어 두게 했다. 다시 말해 유모로서 짧은 기간에 행한 기도와, 하나님의 선민으로서의 사상교육思想教育이 애굽의 궁중교육 40년간보다 더 귀하고 값진 것이었다는 말이다.

모세의 어머니 요게벳의 교육 방법은 글공부도 아니었고, 훈계訓戒의 말씀도 아니었고, 채찍이나 돈으로 하는 것은 전혀 아니었다. 오직 하나님께 드리는 기도와, 모성애 이상의 지극정성至極精誠이었다. 하나님의 마음을 움직이는 정성의 기도요, 유아교육이었다는 말이다. 그러한 어머니, 요게벳의 믿음이 말도 못하는 아들에게로 전달된 것이다.

어쩌면 요게벳이 유모로서 모세를 길러낸 것이 '유대인 어머니들의 교육'의 모델이 되었는지도 모를 일이다. 성경을 통해서 소개된 모세의 어머니, 요게벳은 특별한 교육을 받았다거나, 뛰어난 일을 행한 인물은 아니었다. 아주 평범한 여자일 뿐 남들과 달랐다는 것은 전혀 없었다.

그러나 그녀는 모세라는 아이를 낳은 생모生母였고, 젖을 먹여서 길러 준 유모였다. 모세라는 인물됨을 볼 때, 그의 어머니를 배제하고는 설명할 수 없는 신비하고도 기이한 일들이 많다.

즉, 모세라는 인물이 유대인의 민족 해방자가 되고, 하나님의 율법을 쓴 '모세오경'의 기자가 되고, 이스라엘 민족의 정신적인 지주支柱가 된 것은, 첫째는 하나님의 의지요 기적이었다고 하지만, 이름 없이 묻혀 있는 그의 어머니 요게벳에 의한 것이었다는 말을 자신 있게 하고 싶다.

모세의 궁중교육 40년

모세의 생모, 요게벳은 끝까지 자기의 아들이라는 말 한마디 못하고, 젖을 뗀 다음에는 어린 아이를 궁중으로 돌려보내야 했다. 그렇게 하는 것이 애굽의 공주와의 약속이었기 때문이다. 또한 그렇게 하는 것이 아이의 장래를 위해서는 더 잘된 일이라는 것을 알았으므로, 남은 모성애는 요게벳의 가슴속에 묻어 두

기로 하고 아이를 궁중으로 보냈다. 그 다음에는 아이를 위한 기도로 자기의 마음을 위로받고 달래야 했다.

애굽의 궁중으로 데려간 아이에게는 공주가 우선 물에서 건졌다 하여 '모세'라는 이름을 지어줬다. 그리고 이제부터는 공주를 '어머니'라고 부르도록 모자관계母子關係로 묶어 버렸다. 또한 모세에게는 군사君師까지 배당되었다.

공주가 이렇게 한 것은 자기가 애굽의 군왕인 파라오의 공주였으니, 모세를 애굽의 왕으로 세워서 어쩌면 자기가 애굽의 통치권統治權을 차지할 수도 있다는 야심을 키워 나갔기 때문인지도 모를 일이다.

공주에게는 온갖 보화寶貨도 있고, 권력權力도 있고, 기회機會도 있었다. 여자라는 약점 외에는 모든 것을 다 가지고 있었다. 그러므로 자기의 아들로 입양入養된 모세를 통해서 자기에게 주어진 모든 것들을 충족시켜 보겠다는 야심을 키워 나간 것이다. 그녀는 모세에게 더 직극적인 궁중교육을 강요하게 된다.

"모세야, 오늘도 공부는 열심히 했지?"

"예, 어머니, 열심히 했습니다."

"그리고 칼을 쓰고 활을 쏘는 일도 배워야 하고, 말을 달리는 것은 무엇보다도 잘 배워야 해."

"알겠습니다. 어머니의 말씀대로 열심히 배우겠습니다."

모세는 그의 용모容貌로나, 신체적身體的으로나, 전혀 남에게 뒤쳐질 것이라고는 하나도 없는 거의 완벽한 대장부大丈夫로 자랐다. 나이를 먹고 장성해 나갈수록 감히 모세를 따라올 수 있는 사람은 거의 없을 정도였다. 문무文武를 겸전한 아들 모세를 바라보는 공주의 마음은 흐뭇하고 만족했다. 그럴수록 남모르게 정치적인 야심도 커져 갔다.

그렇게 하기를 거의 40년 가까이 계속했다. 모세가 40세가 될 때까지 궁중에서 살았으니, 모세는 아무리 적어도 35년 이상 애굽의 궁중 교육을 받으면서 살았다. 후일에 모세가 40세가 되어서 이스라엘 민족 에 대한 의식意識을 가질 때까지는 아무도 모세의 마음을 알 수 없었다.

이런 점을 미루어 볼 때, 모세의 궁중교육은 두 갈래의 다른 속셈 속에 진행되고 있었다는 것을 알게 한다. 즉, 모세를 아들로 삼고 교육에 임했던 공주는 철저히 남모르게 정치적인 야심을 가지고 모세를 보살폈고, 당사자인 모세는 기회가 있으면 반드시 자기 동족 이스라엘을 건져내야 한다는 야심으로 가득 차 있었던 것이다. 이토록 아주 철저히 다른 사상이 함께 작용하고 있었다는 것은, 여기에서부터 하나님의 뜻과 사람의 생각의 차이가 갈라서게 된 것을 알게 한다.

요게벳의 아들, 모세

우리는 모세라는 인물에 대해서는 너무도 잘 알고 있다. 모세라는 인물은 하나님의 선민, 이스라엘 백성을 애굽의 노예에서 해방시켜 준 이스라엘 민족의 해방자이다. 모세가 이스라엘 백성을 애굽에서 구출해내는데 겪었던 일들은 분명히 역사적인 사건이면서, 또한 그 모두가 하나님의 신비였다.

애굽의 왕과의 싸움, 홍해를 육지같이 건넜던 기적의 일, 반석을 쳐서 생수生水가 흘러내리게 했던 일, 애굽의 노예에서 건져낸 자기의 백성들을 모아서 한 나라의 기반基盤을 구축해 나갔던 일들, 그렇게 하는 동안에도 쉬지 않고 하나님의 율법을 받아서 기록하여 문서화文書化했던 일들, 장장 40년 동안의 광야 생활을 하는 동안, 그 많은 백성들에게 만나Manna와 메추라기를 먹여서 살렸다는 일 등, 그는 하나님의 이적異蹟을 일으켰던 하나님의 사람이요, 천계天界에서 내려 온 하나님의 사람 그대로였다.

그들 가운데서도 더 중요한 것은 BC 1400년을 전후해서 기록한 것으로 전해진 모세오경, 즉 구약의 율법서律法書는 인류의 역사가 끝나는 날까지 그대로 전해질 하나님의 율법이다. 하나님의 율법은 하나 님의 친작親作이요, 친서親書인 십계명十誡命을 중심으로 하고 있다. 하나님의 십계명은 일점일획一點一劃도 더

하거나 덜할 수 없는 문자^{文字}상의 절대성^{絶對性}을 가지고 있다.

이 십계명은 하나님께서 이스라엘 민족에게만이 아니라, 전 세계의 우리 인간에게 주신 하나님의 계율^{戒律}이기 때문에 감히 인간으로서는 가감^{加減}을 할 수가 없고, 오직 이를 지켜 나가야 할 하나님의 법^法이다.

분명히 모세는 이스라엘의 민족 해방자요, 성경을 기록한 선지자^{先知者}요, 율법자^{律法者}로서의 기자요, 장차 이 세상에 오실 메시아의 예표적^{豫表的}인 역사 속의 인물이었다.

그러므로 모세의 전 생애^{生涯}를 셋으로 나누어서 생각해 보려 한다. 모세의 전 생애가 120년간이었는데, 처음 40년간은 파라오의 궁중에서 공주의 아들로 가장 호화롭게 살았던 시절이었다. 이 40년 동안에 는 모세의 생각과는 상관없이 오직 그를 길러 준 공주의 야망을 채워 줄 사람으로 피동적인 삶을 살았다고 보아야 할 것이다. 따라서 "나는 모든 것을 할 수 있다."라고 호언장담^{豪言壯談}하던, 오만스러움으로 가득 차 있었던 모세의 생애였다고 할 것이다.

그 다음 40년간, 곧 그의 나이 40세에서 80세가 될 때까지는 미디안에서 처가살이를 하면서 그의 장인^{丈人}의 양을 치면서 살았다. 그 40년 동안에 모세는 세상에 대한 모든 미련 같은 것이 다 없어졌다. 비단 미련을 가질 수 없었을 정도가 아니라, 어쩌면 자기의 가능성을 다 포기해 버렸고, 세상에 대한 모든 것을 다 잊어 버렸던 삶이었 다. 심지어는 자기를 죽이려고 하는 애굽의 파라오를 피하여 도망쳐 나왔으니, 살인자殺人者라는 자책심自責心으로 자기를 완전히 망각해 버리고 싶었던 삶이었다. 모세 스스로가 고백하기를, "나는 아무 것 도 할 수 없다."라고 하는 자탄과 절망적인 실의失意의 시기였다고 보아야 할 것이다.

모세의 나이 80세가 되어서 하나님께서 부르실 때에는, 모세는 사람으로서 그가 해야 할 모든 일들이 이미 끝나 버린 다음이어서, 자기 자신도 하나님 앞에서 스스로 아무 것도 할 수 없다고 고백했다. 옛날의 자신감自信感은 다 어디로 가 버리고, "나는 아무것도 못합니다."라고 하는 것이었다.

그런데도 하나님께서는 기어이 늙은 모세를 불러 세우시고 이스라엘 백성을 구하라고 명하셨다. 그때 모세가 하나님께 고백하기를, "하나님께서 하십니다."라고 하는 것뿐이었다.

이렇게 모세의 전 생애 120년간을 3등분해서 생각하면 이해에 도움이 될 것이다. 모세는 자기 자신에 대한 것을 내세울 아무것도 찾지 못했으나, 하나님께서 하신다는 믿음 하나로 이스라엘 백성을 인도해서 애굽의 종살이에서 구했고, 온갖 역사를 만들어 나갔다.

이러한 희대의 영웅, 모세라는 인물을 낳아서 유모로서 젖을 먹였고, 가르쳐서 길러낸 사람이 바로 그의 어머니 요게벳이라는 여자였다. 모세의 어머니, 요게벳은 남들처럼 많은 재산을 가진 것도 없었고, 자기 자신이 남들처럼 뛰어나게 배운 것도 없었고, 어느 누가 알아주는 명사^{名士}는 더욱 아니었어도, 그녀는 모세의 어머니였다.

강한 여자, 요게벳. 그녀가 바로 모세라는 영웅을 만들어 낸 자랑 스러운 여자였다. 끝까지 역사의 그늘 속에 가려져 있는 한 사람의 보잘 것 없는 여자에 불과했지만, 그녀는 분명히 강^强한 어머니였다.

03
여자 사사, 드보라

애굽에서 430년을 살아오다가 BC 1400년을 전후하여 하나님의 사람, 모세를 통해 해방되었던 이스라엘 백성들은 애굽에서 나온 뒤 광야에서 또 40년간을 지냈다. 너무나 힘들고 어려운 세월이었으나 살아 계신 하나님께서 일찍이 그들의 조상 아브라함과 이삭, 야곱에게 약속하신 언약이 있었고, 또한 그들을 이끌어 준 위대한 지도자 아론 과 모세의 형제들이 있어서 그들을 인도했으므로 어려움 속에서도 희망을 가질 수가 있었다.

그러나 광야 생활이 끝나갈 무렵, 하나님께서는 그들의 지도자 모세를 그의 나이 120세가 되었을 때 데려가 버리셨다. 그리고 모세를 수종隨從들던 여호수아Joshua를 후계자後繼者로 세워서 이스라엘 백성을 이끌게 했으므로, 백성들은 여호수아를 존경했고, 그의 명령에 따라서 행진을 계속하여 마침내 요단 강을 건너게 되었다. 그리하여 여리고 성城을 비롯해 차례차례 약속의 땅 가나안을 정복하여 정착할 수 있었다. 하나님께서는 그 땅을 가리켜서, "아름답고 광대한 땅, 젖과 꿀이 흐르는 땅."이라고 하셨다.(출3:8)

그러나 모든 일들이 쉽지 않았다. 하나님께서 일찍이 그의 선조先祖 아브라함과 이삭, 야곱에게 언약으로 주셨던 땅이기는 했으나, 그 땅에는 이미 가나안 족속, 헷 족속, 아모리 족속, 브리스 족속, 히위 족속, 여부스 족속 등 7족민들이 뒤얽혀서 살고 있었던 것이다.

백성들을 이끌어 줄 통치자도 없었던 이 시대를 성경에서는 '사사師士들의 통치 시대'라고 일컫는다. 이 사사들의 통치 시대는 사무엘 Samuel에 의해서 기스Kish의 아들 사울Saul이 이스라엘의 초대 왕으로 등극할 때까지 무려 360여 년간이나 계속되었다.

주변의 종족들이 이스라엘 백성들을 괴롭히고 침략할 때마다 하나님으로부터 소명召命을 받은 사람이 일어나서 백성들을 지키고 역사적인 위기에서 구해냈다. 그들을 가리켜서 '사사師士'라고 했다. 사사의 수가 몇 명이나 되었는지는 정확한 기록이 없으나 사사들 가운데 한 여자 사 사가 있었다. 바로 여기에서 소개하려는 드보라Deborah이다.

유대인의 전통과 풍속상 성차별이 심했던 당시에 자기 민족을 이끌고 전쟁을 수행하여 나라를 구해낸 그녀는, 놀라운 역사의 주인공이다. 차이가 차별을 만들어내서는 안 된다는 것을 보여준 여자 사사, 드보라. 그녀에 대해 이야기하고자 한다.

사사 통치의 역사

모세의 인도로 이스라엘 백성이 애굽에서 나온 후의 역사는 약 40년간의 광야 생활이었다. 모세가 죽은 후, 그들은 눈^{Nun}의 아들 여호수아의 인도로 요단 강을 건넜다. 요단 강을 건너 가나안 땅에 상륙^{上陸}하게 되자 그들은 여리고 성을 비롯하여, 가나안 땅을 차례로 정복하고 열두 지파^{支派}에게 지역을 배분^{配分}하여 정착하게 되었다.

이미 정착해서 살고 있던 일곱 종족들을 몰아낸 것이므로, 그 후에도 주변 종족들과의 전쟁은 계속되었는데, 이러한 상황 속에서 여호수아가 나라를 세우지 못하고 110세의 나이로 떠나 버리게 되자 지도자가 없는 백성들은 자연히 갈팡질팡할 수밖에 없었다.

여호수아가 죽은 이후, 모세나 여호수아와 같은 뚜렷한 민족의 지도자가 없었으므로 이것이 이스라엘 백성들에게는 가장 큰 문제였다. 백성들은 뚜렷한 지도자나, 구심점^{求心點}이 없었으므로 제멋대로 살아갈 수밖에 없었다. 제멋대로 방종한 생활을 할 수밖에 없었고, 범 죄 행위까지도 서슴지 않았다.

바로 그것이 그들의 약점弱點이 되었고, 약점이 드러날 때마다 주변의 이방인들은 그것을 침략의 기회로 삼아서 쳐들어왔다. 이렇게 그들은 위기에 처하면 그때서야 자기들끼리 힘을 모아서 적敵을 물리쳐야 했고, 그럴 때마다 그들을 이끌어 줄 지도자를 필요로 하게 되었다.

이러한 일은 이스라엘의 지역적이고 부분적인 일이었으나, 그럴 때마다 하나님께서는 임시로 지도자를 세워서 적들을 물리치게 하셨는데, 그 지도자를 가리켜서 '사사'라고 불렀다.

즉, 여호수아가 죽은 후, 이스라엘에 첫 왕이 나타나기 전 까지 약 360년 동안 이스라엘 백성들을 위기에서 건져 준 지도자, 즉 사사는 약 12명이 있었다. 이 사사들 중 웃니엘, 에훗, 드보라, 기드온, 입다, 삼손 등 여섯 명을 대사사大師士라고 하고, 아비멜렉, 돌라, 야일, 입 산, 엘논, 압돈 등 또 다른 여섯 명을 소사사小師士라고 부른다. 그런데 여기에서 소개하려는 드보라는 여자로서 대사사에 해당되는 사람이었으니, 그 당시의 성차별과 역사적인 상황을 안다면 어떻게 가냘픈 여자가 그렇게 할 수 있었을까 하는 의문이 생긴다. 그러나 여자 사사, 드보라는 참으로 강하고 자랑스러운 여자였다.

가나안의 왕, 야빈의 학대

제2대 에훗Ehud 사사가 있었을 때에는 그래도 백성들이 지도자를 따라서 하나님의 율법을 지키고, 선민의 풍속을 지켜서 백성들 사이 에서는 그런대로 규모와 질서가 있었다. 그러나 에훗 사사가 죽은 다 음에는 얼마 못 가서 다시 흩어지게 되었고, 하나님께서 보시기에 옳지 않은 범죄의 길을 걷게 되었다.

백성들의 마음이 흩어지게 되면 자연히 범죄가 성행하게 되고, 죄악이 지배하면 반드시 하나님의 징계懲戒가 따른다.

이때 이방異邦 하솔의 부족部族 가나안 왕, 야빈Jabin이 이스라엘을 공격하였다. 야빈은 그의 군대장관軍隊長官 하로셋학고임에 거주하는 시세라Sisera로 하여금 이스라엘을 괴롭히라고 명령했다.

그 당시 시세라에게는 철병거鐵兵車만 900대가 있었는데, 이렇게 막강한 병력을 가진 가나안 왕이 이스라엘을 무려 20여 년간이나 학대를 하고 괴롭혔다면, 아직도 완전한 삶의 터전을 갖지 못하고 개척 초기에 있었던 이스라엘 백성으로서는 참으로 난감한 일이었음 을 알 수 있다.

이스라엘 백성들은 그때서야 비로소 하나님께 부르짖고 호소했다. 하나님께 부르짖는다는 것은 자기의 잘못을 뉘우치고 회개하며 하나님의 용서와 도우심을 호소하는 행위를 두고 하는 말이다.

이스라엘 백성들은 아직도 자기들의 거처마저도 바로 세우지 못하고 있었고, 그들을 집단적으로 이끌어 줄 지도자도 없는 터라, 어쩌면 가나안 사람들에게 빼앗았던 땅을 다시 빼앗기고 그들의 노예로 끌려가야 하는 어려운 위기에 처해 있었다.

그러한 때에 랍비돗Rappidoth이라고 하는 사람의 아내 드보라는 여자로서 감히 군중들 앞으로 나서면서 야빈군과 전쟁을 하자고 주장했다. 일개 여자의 몸으로 전쟁을 외치며 백성들 앞으로 나설 수 있었던 것은, 그 당시 그녀가 에브라임 산지山地의 라마와 벧엘 사이에 살면서, 백성들의 일을 재판해 주는 여자선지자女子先知者로 활동하고 있었기 때문이었다. 그러므로 백성들은 그녀의 말을 경청했다.

여자가 선지자로서 백성들의 일을 판결해 주는 일을 할 수 있었다면, 우선 그녀는 하나님 앞에서 율법을 잘 지키고 순종하는 하나님의 신神에 감동한 여자였을 것이니, 그녀의 신앙이 백성들에게 존경을 받고 있었다는 것을 알 수가 있다. 그러므로 드보라는 당당하게 군중 앞에 나아가서 크게 외칠 수 있었다.

"여러분, 우리는 하나님의 선민입니다. 하나님께 택擇함을 받은 백성들이 언제까지나 이렇게 이방 사람들에게 당하고만 있을 수는 없지 않습니까?"

"그렇지만 우리는 힘도 없고 군대도 없는데 어떻게 그들을 당해냅니까?"

"언제는 우리 선조들이 힘이 있고, 군대軍隊가 있어서 이 땅을 정복 했습니까? 우리는 가나안 왕의 왕군王軍보다 강한 하나님께서 우리 편이라는 것을 믿고 싸우면 됩니다."

"그렇지만 우리에게는 군인도 없고, 모세나 여호수아와 같이 우리의 군대를 이끌어 줄 지도자도 없지 않습니까?"

"여러분, 살아 계신 우리 하나님께서는 옛날 우리 선조들에게만이 아니라, 지금도 그를 믿고 말씀에 순종하는 사람들과 함께 계셔서 모든 일을 도와주십니다."

"그렇지만….'

"그렇지만이 무슨 말입니까? 우리의 형편이 이 지경에 이르렀는데, 우리가 그대로 당하고만 있어야 합니까?"

"……."

급기야 드보라는 눈물을 흘리면서 백성들을 설득했다.

"우리는 백성들을 위기에서 건져내야 하고, 이 백성들을 반드시 살려내야 합니다. 하나님께서 어떻게 주신 백성들입니까? 그리고 우리가 어떻게 얻은 땅입니까? 한 번 더 생각해 보세요."

"……."

더 이상 할 말을 잊은 백성들은 드보라의 말을 따르기로 했다.

드보라와 바락

좀처럼 드보라의 말을 들으려고 하지 않는 백성들을 설득하여 가나 안의 군대들과 싸워야 한다고 외쳤던 드보라의 말이 이겼다.

"우리는 살아 계신 하나님께서 우리 편이라는 믿음으로 싸우면 됩니다."

"전쟁이란 승산이 있을 때 가능한 것인데, 지금 우리의 형편에 어떻게 가나안의 정예군精銳軍을 상대로 싸울 수 있다는 말입니까? 만약에 이대로 전쟁을 하면 우리는 다 망하고 죽습니다."

"여러분, 이래도 죽고 저래도 죽을 바에는 그대로 앉아서 죽을 수는 없지 않습니까? 그리고 우리에게는 항상 살아 계신 하나님께서 함께 하신다는 믿음으로 싸우자는 것입니다."

이렇게 갑론을박甲論乙駁 토론을 거듭한 끝에 드보라는, 납달리 게데스에 거주하는 아비노암Abinoam의 아들 바락Barak을 백성들 앞으로 불러냈다. 그리고 그에게 명령했다.

"내가 엎드려서 기도를 하는 중에 하나님께서 내게 명하시기를, '너는 납달리 자손과, 스불론 자손 만 명을 거느리고 다볼 산^山으로 가라. 내가 야빈의 군대장관 시세라와, 그의 병거^{兵車}들과, 그의 무리를 기손 강으로 이끌어, 네게 이르게 하고, 그를 네 손에 넘겨주리라'고 하셨습니다."

그런데 드보라의 이 같은 명령을 받은 남사 바락은 체격만 좋았지 그렇게 믿음도 담력도 없는 소심한 사람이었다. 그리하여 그는 드보라에게 대답하기를, "만일 당신이 나와 함께 가면 내가 가려니와, 만일 당신이 나와 함께 가지 아니하면 나도 가지 아니하겠나이다."라고 했다.

참으로 안타까운 일이었다. 드보라는 일개 여자인데도 하나님을 믿고 백성들을 위기에서 건져내기 위해서 적군들과 싸우자고 하는데, 대장부 사나이로서 바락은 우선 겁에 질려서 드보라가 함께 가면 가려니와 만약에 드보라가 가지 아니하면 자기도 갈 수 없다고 말했다.

이 말을 들은 드보라는 안타까운 충정으로 다음과 같이 말했다.

"그렇다면 내가 반드시 당신과 함께 가겠습니다. 그러나 이번 전쟁 에서 이겼다고 할지라도 영광^{榮光}이나 전공^{戰功}은 당신에게 돌아가지 못할 것이고, 그 대신 가나안 왕의 군대장관 시세라를 여호와께서 여성의 손에 파셨다고 할 것입니다."

"그런 것은 나에게 아무 의미도 없고, 다만 상관하는 것은 전쟁에 이기느냐, 지느냐 하는 것뿐입니다."

"그러면 당신은 우선 스블론과 납달리 지파들 중에서 만 명의 군사를 불러내시오."

이렇게 하여 바락은 이스라엘의 두 지파 곧 납달리와 스블론 지파들 가운데서 만 명의 군대를 모았다.

드보라는 백성들을 모아서 군대를 조직한 다음 바락을 부장 副將으로 하여, 말에 올라타고 게데스를 향해서 달려갔다. 그리하여 성경은 바락이 아닌 여자 드보라를 사사 중의 대사사로 분류하고 있다. 드보라는 남자 중심의 전통과 풍속으로 전해져 온 이스라엘 백성 들의 역사까지도 깨고, 오직 하나님 중심의 믿음으로 하나님의 말씀을 대언代言하는 여자 선지자가 되었다. 또한, 하나님의 백성들을 구하는데 앞장섰기에 정녕 어느 남자들도 당해낼 수 없는 강한 여자였다는 것을 알게 한다.

여자들은 더 이상 남자들의 이용물利用物이나, 지배支配 아래 살아가야만 하는 종속從屬의 존재가 아니다. 여자들도 얼마든지 전 세계를 제패制覇할 수 있는 가능성을 가진 당당한 존재라는 것을 알았으면 한다. 성경을 비롯하여 인류의 역사는 그런 것들을 너무도 간절하고 자상 하게 보여 주고 있다. 여자는 결코 약한 존재가 아니다. 아무리 강한 자라도 그 강한 자를 낳았고, 젖을 먹여서 길렀고, 가르쳐서 큰 사람 으로 만들어 낸, 더 강한 자가 곧 여자라는 것을 알아야 한다.

다볼 산의 전투

바락을 부장으로 한 사사 드보라의 군사와, 가나안 왕의 군대 장관 시세라가 이끈 군사와의 전쟁은 객관적으로 볼 때는 이스라엘군이 감히 가나안군의 상대가 될 수 없었다.

그것은 가나안의 시세라군은 9백 대의 철병거로 갖추어진 정예군인데 비하여, 드보라 여자 사사가 이끈 이스라엘군은 급조急組된 오합지졸烏合之卒들로, 감히 상대를 한다는 것 자체가 말도 안 되는 일이었다.

아비노암Abinoam의 아들 바락이 다볼 산에 이르렀다는 것을 가나안의 군대장관 시세라가 들었다. 그리고 시세라는 9백 대의 철병거와 모든 백성들을 하로셋학고임에서부터 기손 강으로 모았다.

그때 드보라가 바락에게 전투명령戰鬪命令을 내렸다.

"일어나시오. 이는 여호와께서 시세라를 당신의 손에 넘겨주신 날이라. 여호와께서 당신을 앞서 나가지 아니하십니까?"

드보라의 전투명령을 받은 바락은 즉시 군대를 이끌고 다볼 산에서 내려와서 시세라군을 추격하기 시작했다. 그런데 이것이 웬일일까? 여호와께서 시세라군을 혼잡케 하시므로, 스스로 혼란하여 허둥대다가 도망치기를 시작하니, 군대장관 시세라는 겁에 질려 말에서 내려 패전군敗戰軍들 속에 끼어서 도망쳐 버렸다.

바락이 시세라의 본진이 있었던 하로셋학고임에 이르렀을 때에는 단 한 사람도 남김없이 죽었거나 패주해 버리고 텅텅 비어 있었다.

패잔병들 속에 끼어서 도망치던 가나안의 군대장관 시세라는 그와 전에 친분이 있던 겐사라 사람 헤벨Heber의 집에 들렀는데, 헤벨의 아내 야엘이Jael 그를 이불 속에 감추어 주는 체하면서 말뚝을 박아 죽여 버렸다. 이렇게 해서 드보라가 이끈 이스라엘군은 대승大勝을 했고, 가나안 왕, 야빈은 그의 군대장관과 그가 이끈 군대들의 패전으로 더 이상 이스라엘을 괴롭힐 수 없었다.

드보라의 노래

이스라엘의 영솔자들이 영솔하였고
백성이 즐거이 헌신하였으니 여호와를 찬송하라
너희 왕들아 들어라, 통치자들아 귀를 기울여라
나 곧 내가 여호와를 노래 할 것이요

이스라엘 하나님 여호와를 찬송하리로다

여호와여, 주께서 세일에서부터 나오시고

에돔 들에서부터 진행하실 때

땅이 진동하고 하늘이 물을 내리고 구름도 물을 내렸나이다

산들이 여호와 앞에서 진동하니

저 시내산도 이스라엘 여호와 하나님 앞에서 진동하였도다

아낫의 아들 삼갈의 날에 또는 야엘의 날에는 대로가 비었고

길의 행인들은 오솔길로 다녔도다

이스라엘에는 마을 사람들이 그쳤으니

나, 드보라가 일어나 이스라엘의 어머니가 되기까지 그쳤도다

무리가 새 신들을 택하였으므로 그때 전쟁이 성문에 이르렀으나

이스라엘의 사만 명 중에 방패와 창이 보였던가?

내 마음이 이스라엘의 방백을 사모함은

그들이 백성 중에서 즐거이 헌신하였음이니 여호와를 찬송하라

흰 나귀를 탄 자들, 양탄자에 앉은 자들, 길에 행하는 자들아,

전파할지어다

활 쏘는 자들의 소리로부터 멀리 떨어진 물 긷는 곳에서도

여호와의 공의로우신 일을 전하라

이스라엘에서 마을 사람들을 위한 의로우신 일을 노래하라

그때 여호와의 백성이 성문에 내려갔도다

깰지어다 깰지어다 드보라여 깰지어다 깰지어다

너는 노래 할지어다

일어날지어다 바락이여, 아비노암의 아들이여,

네가 사로잡은 자를 끌고 갈지어다

그때 남은 귀인과 백성이 내려 왔고

여호와께서 나를 위하여 용사를 치시려고 내려오셨도다

에브라임에게서 나온 자들은 아말렉에 뿌리박힌 자들이요

베냐민은 백성들 중에서 너를 따르는 자들이요

마갈에게서는 명령하는 자들이 내려 왔고

스블론에게서는 대장군의 지팡이를 잡은 자들이 내려 왔도다

잇사갈의 방백들이 드보라와 함께 하니

잇사갈과 같이 바락도 그의 뒤를 따라 골짜기로 달려가니

르우벤 시냇가에서 큰 결심이 있었도다

네가 양의 우리 가운데 앉아서

목자의 피리 부는 소리를 들음은 어찌됨이냐?

르우벤 시냇가에서 큰 결심이 있었도다

길르앗은 요단 강 저 쪽에 거주하며 단은 배에 머무름이 어찌
됨이냐?

아셀은 해변에 앉으며, 자기 항만에 거주하도다

스블론은 죽음을 무릅쓰고 목숨을 아끼지 아니한 백성이요

납달리도 들의 높은 곳에서 그러하도다

왕들이 와서 싸울 때

가나안 왕들이 므깃도 물가 다아낙에서 싸웠으나

은을 탈취하지 못 하였도다

별들이 하늘에서부터 싸우되

그들이 다니는 길에서 시세라와 싸웠도다

기손 강은 그 무리를 표류시켰으니 이 기손 강은 옛 강이라

내 영혼아, 네가 힘 있는 자를 밟았도다

그때 군마가 빨리 달리니 말굽 소리가 땅을 울리도다

여호와의 사자의 말씀에 메로스를 저주하라

너희가 거듭거듭 그 주민들을 저주할 것은

그들이 와서 여호와를 돕지 아니하며

여호와를 도와 용사를 치지 아니함이라 하시도다

겐 사람 헤벨의 아내 야엘은 다른 여인들보다 복을 받을 것이니

장막에 있는 여인들보다 더욱 복을 받을 것이로다

시스라가 물을 구하매 우유를 주되

곧 엉긴 우유를 귀한 그릇에 담아 주었고

손으로 장막 말뚝을 잡으며 오른손에 일꾼들의 방망이를 들고

시세라를 쳐서 그의 머리를 뚫되 곧 그의 관자놀이를 꿰뚫었도다

그가 그의 발 앞에 꾸부러지며 엎드러지고 쓰러졌고

그의 발 앞에 꾸부러져 엎드러져서

그 꾸부러진 곳에 엎드러져 죽었도다

시세라의 어머니가 창문을 통하여 바라보며 창살을 통하여 부

르짖기를

그의 병거기 어찌하여 디디 오는가?

그의 병거들의 걸음이 어찌하여 늦어지는가 하매

그의 지혜로운 시녀들이 대답하였고

그도 스스로 대답하기를 그들이 어찌 노략물을 얻지 못 하였으랴!

그것을 나누지 못 하였으랴! 사람마다 한두 처녀를 얻었으리로다

시세라는 채색 옷을 노략하였으리니 그것은 수놓은 채색 옷이
로다

곧 양쪽에 수놓은 채색 옷이리니

노략한 자의 목에 꾸미리로다 하였으리라

여호와여, 주의 원수들은 다 이와 같이 망하게 하시고

주를 사랑하는 자들은 해가 힘 있게 돋움 같게 하시옵소서.

(사사기 5:2-31)

드보라는 굳세고 정의로우며 당당한 여자였다. 남성 중심의
문화적 상황 속에서 믿음을 잃지 않았던 여자 선지자이자 여자
사사였던 드보라, 남자 바락을 부장으로 하여 가나안 왕 야빈의
군대를 몰아냈으며 남자도 당해내지 못할 전쟁을 이끌어서 승
리를 가져왔던 여자 장군 드보라, 그녀는 참으로 강强했다.

04
예수님의 어머니, 동정녀 마리아

예수님의 어머니, 동정녀童貞女 마리아Maria에 대해서는 거의 모르는 이가 없을 것이다. 그러나 우선 여기에서 말하려는 마리아에게는 반드시 '동정녀'라는 명사를 붙여야 한다는 것을 알아야 한다. 그 이유는 간단하다. 세상에는 마리아라는 이름은 많으나 동정녀로서 아이를 낳은 여자는 예수님의 어머니, 마리아밖에 없었으므로, 이 단어는 예수 그리스도의 동정녀 탄생의 교리教理와 함께 매우 중요한 것이다.

나는 우리들이 안다고 생각하면서도 너무도 소홀하게 넘겨버리는 이야기들, 그러면서도 한 번 더 생각해 보아야 할 이야기들을 꺼내 보고자 한다. 우리가 일반적으로 알고 있는 예수님의 어머니라는 것 외에, 한 여자로서 마리아에 대한 사람의 이야기를 해 보려고 한다.

예수님을 낳고, 기르고, 가르쳐서, 이 세상에 내어 놓기까지 '어머니라는 여인'으로서 그녀가 겪었던 수많은 일늘을 통해, 어쩌면 어머니로서의 그녀가 없었으면, 예수님이라는 존재가 있었을까 하고 다시 생각해 보게 될 것이다.

나도 마리아와 같은 한 명의 여성인데도, 나로서는 결코 해낼 수 없는 일을 해낸, 예수님의 어머니. 그녀는 참으로 위대한 여자였다.

늦둥이 외동딸로 태어나서

성경에는 단순히, "여섯째 달에 천사 가브리엘Gabriel이 하나님의 보내심을 받아, 갈릴리 나사렛이란 동네에 가서, 다윗의 자손 요셉Joseph이라는 사람과 약혼한 처녀에게 이르니, 그 처녀의 이름은 마리아라."라고만 소개하고 있어서 동정녀 마리아에 대한 것을 더 이상 자세하게 알 수가 없다.

그러나 우리들이 사용하지 않은 가경假經에 의하면, 마리아는 갈릴리 나사렛북쪽 새포리스에 살고 있는 다윗의 자손 아버지 요아킴Joachim과 어머니 안나Anna 부부가 자식을 낳지 못하고 있다가 늙어 서야 가지게 된 외동딸이었다고 전해진다. 그러나 정확한 것 한 가지는, 그들 부모가 다 '유다지파'에 속한 '다윗의 자손'으로서 유대인의 왕 손王孫이라는 것과, 성경의 예언대로 이루어지게 되었다는 것이다.

마리아는 외동딸로 태어났기 때문에 우선 인간적으로 볼 때 매우 외로운 가정을 배경으로 태어났다는 것을 알 수 있다. 그의 부모가 얼마동안이나 그녀를 길러 주고 죽었는지에 대한 기록이 없으니, 구체적으로는 알 수가 없다. 그러나 어쩌면 그녀 스스로 자기만의 가정을 이끌면서 어렵게 살았던 것으로 짐작된다. 그리고 그녀는 어렸을 때부터 유대인의 전통傳統과 풍속에 따라서 철저한 유대인의 교육과, 하 나님의 율법에 따른 신앙생활을 했다는 것을 미루어 짐작할 수 있다.

메시아의 어머니가 된다는 것은 자기의 선택이 아닌 하나님의 선택의 행위라고 할 것이나, 마리아의 강인한 모습들은 처음부터 그녀가 메시아의 어머니가 되기 위한 준비를 해 온 것처럼 보인다.

한편, 유대인의 전통과 풍속대로 처녀가 결혼을 하기 위해서는 처녀인 당사자의 뜻이 아니라, 전적으로 그 부모의 동의와 승낙이 있어야 한다. 그런데도 마리아의 경우는 단 한마디도 그러한 기록이 없는 것으로 보아서, 일찍이 부모님을 여의고, 외롭게 혼자서 살았을 것이라고 가정할 수 있다. 그래서 그녀는 어느 다른 처녀들보다도 더 강하게 살았다.

마리아는 자기의 몸을 지키기 위해서, 또는 외롭게 혼자 살아가기 위한 방법으로, 날마다 하나님 앞에서 작정기도作定祈禱를 하고, 명상瞑想을 하는 생활 습관을 가지고 있었다.

일찍이 늙으신 부모님 밑에서 살아가는 동안, 그녀의 부모가 자식을 낳기 위해서 하나님께 얼마나 많은 기도를 드렸는지를 생각하면, 그녀도 하나님 앞에서 자신을 지키고, 하나님의 딸로서 살아가야 한다는 것을 알고 있었다. 그리하여 그녀의 기도하는 생활 습관은 하나님과의 관계를 계속적으로 유지시켰다.

더구나 그때는 바로 유대 나라가 로마 대제국의 속국屬國으로서, 로마의 황제皇帝 카이사르 아우구스투스Caesar Augustus의 통치 지배 아래 있을 때였으므로, 어쩌면 그녀는 남모르게 나라의 회복을 위해서도 기도를 했을 것이라는 것을 짐작케 한다. 그리하여 그녀는 오늘도 무릎을 꿇고 앉아서 하나님께 기도를 하고 있었다. 그 기도는 참으로 간절한 기도였고, 진실한 기도였으며 기도하면 이루어 질 것이라는 확신確信에 찬 기도였을 것이다.

그런데 뜻하지 않게 천사의 내방을 받게 되었다.

"은혜를 받은 자여, 평안할지어다. 주께서 너와 함께 하시도다." 마리아는 너무도 깜짝 놀랐다. 그녀가 생각하기에는 평소처럼 자기만의 기도로 끝날 것이라고 생각했는데, 뜻하지 않게 천사 가브리엘의 문안을 받게 되었으니 말이다. 그리하여 마리아는 우선 두려운 마음으로 떨고 있었다.

바로 그때 천사가 이르기를,

"마리아여, 무서워하지 말라. 네가 하나님께 은혜를 입었느니라. 보라! 네가 잉태孕胎하여 아들을 낳으리니, 그 이름을 예수 Jesus라 하라. 그는 큰 자가 되고, 지극히 높으신 이의 아들이라 일컬어질 것이요, 주 하나님께서 그 조상 다윗의 왕위를 그에게 주시리니, 영원히 야곱의 집 을 왕으로 다스리실 것이며, 그 나라가 무궁하리라."라고 했다.

천사의 말이 구구절절 나쁜 말은 아니었으나, 우선 마리아는 자신의 처지에 대한 것을 잘 알고 있었기 때문에 반문反問하지 않을 수 없었다. "나는 사내를 알지 못하니 어찌 이 일이 있으리까?"

마리아의 그 말은 너무도 진실하고 정직한 말이었다. 전지전능全知全能하신 하나님의 사자 앞에서 거짓말을 할 수 없다. 자기가 비록 요셉이라는 청년과 약혼 중에 있기는 하나, 아직도 자기는 숫처녀, 곧 남자와의 사이에 정사情事를 한 일이 없는 동정녀라고 했다.

이는 예수 그리스도의 동정녀탄생童貞女誕生이라는 신학적神學的인 교리教理요, 성경에서 증거다운 예언성취豫言成就의 말씀이었다.(창3:15, 사7:14, 마1:18-25)

마리아의 반문에 천사는 다시 그녀에게 말했다.

"성령이 네게 임하시고, 지극히 높으신 이의 능력이 너를 덮으시리니, 이러므로 나실 바 거룩한 이는 하나님의 아들이라 일컬어지리라. 보라! 네 친족 엘리자베스Elizabeth도 늙어서 아들을 배었느니라. 본래 임신하지 못한다고 알려진 이가 이미 여섯 달이 되었나니, 대저 하나님의 모든 말씀은 능하지 못하심이 없느니라."

여기까지 천사의 말을 듣고 있던 마리아는 주저 없이 답하기를, "주의 여종이오니, 말씀대로 내게 이루어지리다."라고 했다.

이 같은 마리아의 말을 들은 천사는 순식간에 온데간데없이 떠나 버렸고, 마리아는 즉시 일어나서 자기의 친족으로서 늙은 몸에 이미 임신한 지가 여섯 달이라는 천사의 말을 확인하기 위해 유대 땅 산골로 엘리자베스를 찾아갔다.

그렇게 동정녀 마리아는 성육成肉하신 예수 그리스도를 낳게 되었고, 이 일로 인하여 마리아는 한 여자로서 이 세상에 살아가는 동안 남다르게 강한 여자로 살아가야만 했다.

선택의 기로에 선 처녀

예수님의 어머니가 될 동정녀 마리아는 죽느냐 사느냐 할 만큼의 어려운 기로岐路에 서게 되었다. 천사가 떠난 다음에 허둥지둥 산골 길로 달려서 엘리자베스를 만나 보니, 천사의 말대로 그녀는 잉태孕胎하여 임신을 한 지가 벌써 6개월이나 되었다. 분명히 하나님의 사자가 말한 대로였다.

그렇다면 자신도 그녀처럼 임신을 하게 될 것인데, 그렇게 될 경우 그 다음에 벌어질 일에 대해서 생각하지 않을 수 없었다. 왜냐하면 자기는 이미 요셉이라는 청년과 약혼을 한 상태인데, 자기와 약혼 중에 있는 처녀가 임신을 했다고 하면 요셉이 과연 어떻게 나올 것인가 하는 것이었다.

만약에 자기와 약혼 중에 있는 처녀가 결혼도 하기 전에 임신을 했다고 하면 요셉은 유대인의 풍속대로 파혼破婚하게 될 것은 뻔한 일이었고, 만약에 그렇게 될 경우 자기는 모세의 법法대로 길거리에 내팽개쳐져서 뭇사람의 돌팔매를 맞고 죽어갈 것이 뻔한 일이었다.

성경에는 엘리자베스를 찾아간 마리아가 거기서 6개월을 그녀와 함께 지내다가 돌아갔다고 기록되어 있으나, 마리아에게 있어서 그 여섯 달은 아무도 알 수 없는 그녀만의 고통 정도가 아니라, 죽느냐 사느냐하는 고통스러운 나날이었다.

성경은 이에 대해서 기록하기를, 자기와 약혼을 한 처녀 마리아가 임신을 했다는 소식을 들은 약혼자 요셉은 의인義人이라, 마리아가 혼 전임신婚前妊娠을 해서라기보다는, 자기의 사정상 파혼을 했다고 하자는 식으로 가만히 끊어 버리고자 결심했다.

이는 마리아의 입장에서는 단 한마디라도 변명의 이유가 없는 일이 었다. 오직 자기와 약혼을 했던 요셉의 처분에 맡기는 수밖에 다른 길이 없었다. 마리아에게 있어서 자신을 위해서 능동적으로 할 수 있는 일이라고는 단 한 가지도 없었다. 무엇을 선택해야 하느냐 하는 선택 의 기회조차도 없었다.

그런데 그렇게 될 즈음, 요셉이 한밤중에 꿈을 꾸게 되었다. 꿈속에 천사가 나타나서 이르는 말이, "다윗의 자손 요셉아, 네 아내 마리아 데려오기를 무서워하지 말라. 그렇게 잉태된 자는 성령聖靈으로 된 것이라. 아들을 낳으리니, 이름을 예수라 하라. 이는 그가 자기 백성을 그들의 죄에서 구원할 자이심이라. 이 모든 일이 된 것은 주께서 선지자로 하신 말씀을 이루려 하심이니, 이르시되, 보라! 처녀가 잉 태하여 아들을 낳을 것이요, 그의 이름은 임마누엘Immanuel이라. 이는 하나님이 우리와 함께 계시다 함이라."라고 하였다.

천사는 떠나갔고, 요셉은 꿈에서 깨어났다. 그리고는 결심을 하고 마리아를 자기 집으로 데려왔으나, 부부의 정을 나누지 않고 절제節制를 하면서 때를 기다렸다. 예수님의 생애에 대한 기록이 역사 속에 연대로 드러나지 않고 감추어진 것은 이때부터 시작되었다.

예수님의 어머니, 동정녀 마리아의 생애는 철저히 사람들 속에서 은밀히 감추어지고, 오직 하나님과의 사이에서만 이루어져갔다. 여자로서는 당할 수 없는 일을 당해야 했고, 보통 여자들처럼 살아갈 수 없었던 예수님의 어머니, 마리아는 '하나님과 함께한 하나님의 사람' 이었다고 하는 것이 옳을 것이다.

예수님의 어머니

예수님의 어머니로서 마리아의 생애는, 보통 여자들의 이야기로는 결코 설명할 수 없는 신비神秘와, 기적奇蹟과, 비밀秘密에 가려진 생애 였다고 하겠다.

동정녀 마리아가 '예수'라는 아들을 낳기 이전까지의 과정을 자세히 살펴보면, 마리아는 어느 누구도 알아주지 않는 자기만의 고민苦悶 속에 몸부림을 쳐야 했다.

처녀가 임신을 한다는 것과, 약혼자에 대한 문제는 너무도 크고 어 려운 일이었다. 그녀가 하나님의 성령에 의해서 수태受胎를 하기는 했으나, 엄연히 이미 약혼을 한 처녀의 입장에서 생각할 때에는 도저히 이해할 수 없는 일이었다.

천만다행으로 하나님의 도우심과 은혜로 처녀가 임신을 하게 되었다는 한 고비는 넘어갔으나, 그 다음에 따라오는 또 다른 시련이 남아 있었으니 말이다. 그것은 바로 자기가 약혼을 한 상태였다는 점과, 약혼남 요셉과의 사이에 일어날 문제에 대한 것이었다. 어쩌면 이는 자기 생명의 사활死活에 대해서까지 관계가 되는 중요한 문제로서 마리아의 입장에서는 전혀 어떤 답을 얻어낼 수가 없었다.

그러나 이것도 요셉의 믿음과 기지로 어려운 문제의 과정을 딛고, 마리아는 일단 남편이 기다리고 있는 요셉의 집으로 옮겨서 살게 되었다. 그리고 이미 호적령戶籍令이 내려져 있었으므로 함께 가족으로 호적에 올릴 수 있었다.

만삭滿朔이 되어 배가 불러 오던 마리아는, 부부가 모두 다윗왕의 후손들이었으므로, 멀리 다윗 왕의 고향이었던 베들레헴에 가서 호적을 옮겨야 했다. 마리아가 살고 있던 마을은 갈릴리 지방의 나사렛 이었으므로, 나사렛에서 베들레헴까지 먼 여행을 해야 했다.

나사렛에서 베들레헴까지는 약 62마일 정도 되는 먼 거리였으니, 무려 96km, 곧 240리나 되는 먼 거리였다. 그리고 그 당시는 교통수단이라고 해도 겨우 사막을 지나다니는 나귀를 타는 것이 최상의 수단이었다. 그리하여 마리아도 남편 요셉의 주

선으로 나귀를 타고 가기는 했으나, 먼 여정旅程의 피곤 외에 만삭의 초임신부初姙娠婦로서 겪어야 하는 고통은 말로 표현할 수가 없었다.

그렇게 마리아의 일행이 정한 날보다 약간 늦게 현지에 도착해 보니, 쉬어갈 수 있는 여관방을 구하기가 너무도 어려웠다. 피로까지 겹쳐 있는 마리아에게 산모産母가 겪는 진통이 시작되었으니 이를 어떻게 하랴! 이미 여관방은 다 만원으로 차 버렸고 마리아가 들어갈 방은 없었다. 그리하여 생각다 못해서 급한 대로 나귀들을 메는 외양간을 근근이 빌렸다.

마리아가 자리를 정하기가 바쁘게 진통이 심해지더니, 아이가 태어 나서 출산出産을 해야 했다. 그러나 산모와 신생아新生兒가 평안히 누어야 할 자리조차 없어서 하는 수 없이 아이를 강보에 쌓아서 말구유 간에 눕혔다. 일이 이렇게 되었다면 산모로서 마리아의 눈에서는 피 눈물이 쏟아졌을 것이다. 출산의 고통보다 더한 마음의 아픔 때문에 마리아는 울고, 울고, 또 울었을 것이다.

심지어는 아이를 낳기는 했으나, 앞으로 다가올 일에 대해서는 전혀 알 수 없는 불안과 고통이 산모 마리아의 온 가슴을 짓누르기 시작했다.

그런데 문제는 거기에서 끝나는 것이 아니었다. 동방박사들의 예방과 경배까지는 좋았다. 그리하여 모세의 법대로 예수님이 태어나신지 8일 만에 유대인의 법과 풍속대로 아이에게 할례割禮까지 받게 했다.

그러나 분봉왕分封王 헤롯Herod이 아기를 찾아서 죽이려 하니 아이를 데리고 애굽으로 피난하라는 천사의 지시가 있었다. 아직 건강조차 회복되지 않은 상태의 산모가 어린 아이를 강보에 싼 채 또 멀리 수천 리나 되는 애굽으로 도망을 가야 했다. 아기의 목숨을 살려내기 위해서는 그렇게 해야만 했다.

마리아와 요셉이 애굽에 가서 어떻게 지냈다는 기록은 없으니 상상 속에 짐작을 할 뿐이나, 모든 것들이 다 생소한데다, 당장 세 식구가 먹고 살아야 하고, 어느 것 하나 갖추어 있지 않은 상태에서 살아 가야 했으니 마리아가 겪은 고통은 필설로 표현할 수 없을 것이다.

성경학자들은 한결같이 말하기를, 동방박사들이 찾아와서 준 황금黃金과 유향乳香, 몰약沒藥의 예물은 마리아 일행의 여비 충당에 크게 도움이 되었을 것이라고 주장한다. 그렇다손 치더라도 뜻하지 않은 애굽으로의 피난 생활은 일반 여행객들이 겪는 어려움으로는 설명될 수 없는 고통이었다고 생각된다. 역사적으로 볼 때 아마도 마리 아가 애굽에서 4년 정도의 기간을 지내야 했을 것이다.

헤롯 왕이 죽은 다음에 다시 하나님의 천사가 나타나서 현몽 現夢하기를, "아기를 찾아서 죽이려는 사람이 죽었으니 고국으로 돌아가라."라고 지시했다. 요셉은 마리아와 아기를 데리고 일단 고국 이스라엘로 돌아오기는 했으나, 헤롯 아켈라오Herod Archelaus가 유다의 분봉왕으로 있었기 때문에 멀리 피하여 자기의 고향 나사렛으로 도망가 살게 되었다.

여기까지의 내용만을 보더라도 예수 그리스도에 대한 역사적인 출생 기록 같은 것이 없었던 이유를 알 수가 있다. 이는 아기 예수를 살리기 위해서 그의 어머니 마리아가 철저히 비밀에 붙였기 때문이다. 형식적으로는 그렇게 쉬운 말로 이야기할 수 있으나, 그렇게 해야만 했던 마리아의 입장에서 생각할 때 언제나 불안과 공포심이 그녀의 머리에서 떠날 때가 없었다는 것을 알 수 있다.

호적戶籍을 위해서 고향 나사렛을 떠난 지 몇 년 만에 고향 땅으로 돌아왔는지에 대해서는 정확한 기록이 없으니 알 길이 없나. 그러나 한 여자로서 예수님의 어머니, 마리아가 겪어야 했던 고통을 어떻게 말로 다 표현할 수 있겠는가?

그들이 고향 나사렛으로 돌아온 다음부터는 일단 정신적인 안정은 찾을 수가 있었다. 그러나 다시 시작해야 하는 살림의 어려움 또한 감당해야 할 큰 문제의 하나였다.

성경은 요셉의 직업을 목수木手였다고 소개하고 있으나, 유목민으로서 살아가는 것이 당시 유대인의 풍속이었는데, 당장 애굽의 피난지에서 돌아온 요셉에게는 자기가 길러야 할 양 한 마리 없는 형편이라, 우선 살기 위한 막노동으로 택한 것이 목수가 아니었는가 생각된다.

그러나 내심 더 큰 문제는 생계의 수단이 아니라, 아이에 대한 문제였다. 아이에 대한 것을 세상에 알리지 않고, 사랑하는 아들에 대한 것을 세상 사람들에게 끝까지 숨겨서 길러야 하는 어머니의 고통은 참으로 심각한 것이었다. 그러나 마리아는 이를 악물고 다 참고 이겨 냈다. 그래서 마리아를 통해 모성애로는 설명할 수 없는 강한 여자의 모습을 엿볼 수 있다.

물론 이렇게 된 것은 처음부터 끝까지 하나님께서 하시는 '하나님의 일'이었다. 그러나 하나님의 일들이 사람을 통해서 일어나기 때문에 이를 행하는 사람의 입장에서는 참으로 힘들고 어려운 일이었다.

로마 카톨릭 교회에서는 마리아의 승천설昇天說을 교리로 받아들이고 있으나, 정경正經에는 그러한 기록이 없다. 그리고 역사적으로도 그런 사실이 없다. 동정녀 마리아를 예찬하는 것과, 그녀의 승천설을 교리화한 것까지의 입장은 이해하나, 그렇다고 해서 없는 것을 있는 것처럼 조작해서도 안 된다.

성경은 다시 말씀하고 있다.

"진리를 알지니, 진리가 너희를 자유케 하리라."(요8:32)

어머니 마리아와 아들 예수

예수님의 어머니로서 마리아는 남다르게 자상하고 세심한 성격의 소유자였다. 물론 처음 임신을 하게 된 것부터가 하나님의 성령에 의해서 이루어졌기 때문이었지만, 또한 여자로서 남다르게 세심한 면이 뚜렷했다고 본다.

마리아는 아이의 이름을 천사가 일러준 대로 '예수'라고 부르기로 하고, 모세의 규례를 따라 아이가 태어난 지 8일 만에 아이를 데리고 예루살렘 성전으로 올라가서 할례를 받게 했는데, 그들은 여행 중이었으므로, 소나 양을 드리는 대신 비둘기 한 쌍을 제물祭物로 바치고 아이에게 할례를 받게 했다.

그런데 그때 예루살렘에 거주하면서 이스라엘의 위로를 기다리고 있던 시므온Simeon이라고 하는 사람이 있었는데, 그가 아기 예수를 받아 안고, "주재여, 이제는 말씀하신대로 종을 평안히 놓아 주셨나이다. 내 눈이 주의 구원을 보았사오니, 이는 만민 앞에 예비하신 것이요, 이방異邦을 비추는 빛이요, 주의 백성 이스라엘의 영광입니다." 라고 찬송을 한 다음 하는 말이, "보라, 이는 이스라엘 중 많은 사람을 패敗하거나 흥興하게 하며,

비방을 받는 표적이 되기 위하여 세움을 받았고, 또 칼이 네 마음을 찌르듯 하리니, 이는 여러 사람의 마음의 생각을 드러내려 함이니라."라고 했다.^(눅2:35)

마리아는 이러한 모든 말을 그녀의 마음속에 간직했다고 성경은 기록하고 있다.

한번은 예수께서 열두 살이 되었을 때 함께 예루살렘 성전에 올라 갔다가 돌아오는 길에 아기 예수를 잊어버린 일이 있었다. 그의 부모가 생각하기에는 예수께서 어린 아이들과 함께 어울려서 고향으로 돌아가고 있는 것으로 알고 있었다. 뒤늦게야 자기 아이가 없어졌다는 것을 알고, 마리아와 요셉 부부는 아이를 찾았으나 일행 중에서 아이를 찾지 못했다. 그제야 다시 가던 길을 되돌아와서 예루살렘 성전에서 이틀 만에 아이를 만났다. 그는 성전에서 선생들과 어울려서 주고 받고 문답식^{問答式}으로 토론^{討論}을 하고 있었다.

그때 어머니 마리아는 아이에게 원망스러운 말로, "어찌하여 우리에게 이렇게 하였느냐? 보라, 네 아버지와 내가 근심하여 너를 찾았노라."라고 예수를 책망했다. 그럴 때 예수께서 하신 말씀이, "어찌하여 나를 찾으셨나이까? 내가 내 아버지 집에 있어야 될 줄을 알지 못 하셨나이까?"라고 했다. 그때 다른 사람들은 예수께서 하신 말씀을 보통으로 듣고 그대로 넘어갔으나, 그의 어머니 마리아는 그 말씀들을 평생토록 마음속에 간직했다.

예수께서 사역을 시작하실 때, 그의 제자들과 함께 어머니 마리아를 따라서 갈릴리 가나에서 베풀어진 혼인婚姻잔치에 초대된 적이 있었다. 그런데 공교롭게도 잔칫집에서 포도주葡萄酒가 떨어져 버렸다. 아마도 잔칫집 주인이 생각했던 것보다 손님들이 더 많이 왔기 때문이라고 생각해 본다.

그때 그의 어머니 마리아가 예수께 와서 하는 말이, "포도주가 떨어졌는데 이 일을 어찌하면 되겠는가?"라고 물었다. 그럴 때 예수께서 하신 말씀이, "여자여, 나와 무슨 상관이 있나이까? 때가 아직 이르지 아니하였나이다."라고 이해하기 어려운 말로 대답했다.

그러나 그 다음에 마리아는 잔칫집에서 수종을 들고 있는 하인들에게 하는 말이, "너희에게 무슨 말씀을 하시든지 그대로 하라."라고 하였다. 이는 바로 예수님의 공생애公生涯가 시작된다는 신호信號와도 같은 말이었다. 그 다음에 행해진 예수님의 행동이 이를 증명한다.

유대인의 풍속 중에는, 잔치를 하기 전에 우선 물 항아리에 물을 가득 채워 놓고, 오는 손님들로 하여금 손발을 씻게 하는 것이 있었는데 그날은 물 항아리가 여섯 개가 있었다.

예수님은 그의 어머니 마리아에게 부정적인 말씀을 하셨는데도, 마리아가 하인들에게 하는 말을 듣고는 바로 그 항아리들을 가리키며 "항아리에 물을 채워라."라고 하셨다. 무슨 영문인지도 모르고 하인들은 예수께서 명하신 대로 항아리에 물을 가득 채웠다.

그러자 예수께서 하시는 말씀이, "이제는 떠서 연회장에게 갖다 주어라."라고 하셨다. 하인들은 예수께서 말씀하신대로 물을 떠다가 연회장에 주었다. 포도주가 끊어진 것으로 알고 있던 연회장은 포도주를 다시 가지고 온 것이 이상스러워서 우선 술맛부터 보았다. 그런데 이것이 어찌된 일인가? 술맛을 본 연회장은 술맛이 너무도 좋았기 때문에 신랑新郞을 불러다가 하는 말이, "사람마다 먼저 좋은 포도주를 내고, 취한 후에 낮은 것을 내거늘 그대는 지금까지 좋은 포도주를 두었도다."라고 했다. 이렇게 된 것을 아무도 몰랐으나, 무조건 예수님의 명령에 따라서 순종하고, 심부름을 했던 하인들만은 알았다.

바로 이것이 예수께서 공생애의 테이프를 끊는 첫 번째의 이적異蹟이었다. 동시에 예수님의 어머니, 마리아가 그의 아들 예수 그리스도의 공생애를 위한 테이프를 끊어 주는 역할을 했던 일이었다.

예수님의 어머니, 동정녀 마리아는 끝까지 하나님의 언약을 믿었고, 자기가 낳기는 했으나, 예수님이 하나님의 아들이자 우리 구주救主이심을 굳게 믿고 살았다. 그녀는 언제나 사람들이 보기에는 항상 가난하고 약한 여자로만 보였다. 그러나 그녀는 참으로 강한 여자였 고, 아무도 따를 수 없는 외유내강外柔內剛의 여자였다. 끝까지 하나님의 언약을 믿고, 자기를 희생해 가면서까지 하나님의 명령에 순종할 줄 아는 순종신앙의 여자였다.

"예수께서 무슨 말씀을 하시든지 그대로 하라."

동정녀 마리아의 만년

한 여자로서 마리아의 생애는 처음부터 외롭고 고독한, 불쌍한 여자였다. 그녀를 알아주는 사람도 없었고, 오직 하나님만이 알아주고 인정해 주셨던 믿음의 여자였고, 하나님으로부터 자기희생自己犧牲을 강요받은 여자였다.

그런데도 그녀는 단 한 번도 반항反抗을 해 본 일이 없었고, 자기가 한 일에 후회後悔를 한 적이 없었고, 자기의 입장을 두고 신세타령을 하면서 원망을 해 본 적이 없는 신실한 믿음의 여자였다.

예수께서 십자가에 못 박혀 돌아가실 때, 예수님의 어머니로서 마리아의 가슴은 옛날 시므온의 말대로, "칼이 네 마음을 찌르듯 하리니, 이는 여러 사람의 마음의 생각을 드러내려 함이라."(눅2:35)라고 한 대로, 칼로 가슴을 도려내는 아픔을 당해야 했다. 그러한 고통 속에서도 마리아는 끝까지 참고 견디며 이겨냈다.

예수께서 십자가 위에 못 박혀서 돌아가실 때 가상칠언^{架上七}^言으로 남기신 말씀이, 첫째, "아버지여, 저희를 사하여 주소서. 자기의 하는 것을 알지 못하나이다."(눅23:34) 둘째, "여자여, 보소서. 당신의 아들이니이다. 보라. 네 어머니니라."(요19:26-27) 셋째, "내가 진실로, 진실로 네게 이르노니, 오늘 네가 나와 함께 낙원에 있으리라."(눅23:43) 넷째, "엘리, 엘리, 라마 사박다니(나의 하나님, 나의 하나님, 어찌하여 나를 버리셨나이까?)"(마27:46) 다섯째, "내가 목마르다."(요19:28) 여섯째, "다 이루었다."(요19:30) 일곱째, "아버지여, 내 영혼을 아버지 손에 부탁하나이다."(눅23:46)라고 하심이 었다.

그런데 예수님의 가상칠언 가운데 두 번째는, 십자가에 못 박혀 죽어가는 아들을 지켜보면서 몸부림을 치고 있는 그의 어머니 마리아를 보신 예수께서 하신 말씀으로, 마지막으로 그의 어머니를 향하여, "여자여, 보소서. 당신의 아들이니이다."라고 하시며 자기의 구주^{救主}되심과, 마리아와의 관계를 논한 다음, 다시 이어서, "보라, 네 어머니니라."라고 하심으로 그의 어머니의 노후^{老後}를 사랑하는 제자 요한에게 부탁했다는 것을 알게 한다.

위인들의 전기傳記를 통해서 볼 때 어떠한 위인이나 영웅열사들이 그가 숨겨 가는 운명殞命의 순간에 자기의 생모에 대한 말을 한 기록이 있다는 것을 본 일이 있었던가? 오직 예수 그리스도만이 십자가 위에 못 박혀 돌아가시면서 자기의 생모에 대한 효성을 드러내시고 어머니의 말년을 부탁하기까지 하셨다.

예수님의 어머니, 동정녀 마리아에 대한 더 자세한 기록은 성경에는 없다. 다만 전설에 의하면, 예수님의 사랑을 받았던 제자 사도 요한이 에배소 교회의 감독으로 있을 때, 예수께서 당부하신 말씀을 받들어서 예수님의 어머니, 마리아를 그곳으로 모셔서 남은 생애를 거기서 살다가 마치게 했다고 전해질 뿐이다.

여자로 이 세상에 태어나서, 예수님의 어머니로서 겪어야 했던 동정녀 마리아의 생애를 통해 알 수 있듯이, 그녀는 단순히 고통을 이겨 낸 여자였다기보다는 보통 사람으로서는 이겨낼 수 없는 시련을 묵묵히 이겨 낸 여자였다.

동정녀 마리아는 자기만의 고통을 이겨 낸 아주 강强한 여자였다는 것을 되풀이해서 말하고 싶다.

사랑하는 어머니,

마지막으로, "주여."라는 바람소리를 내뿜으면서 숨을 거두시고 하늘나라로 떠나가신 지가 벌써 십수 년의 세월이 흘렀습니다.

그러나 역사 속에 떠오르는 강한 여자들에 대한 이야기의 글을 쓰면서, 처음부터 떠오르는 어머니, 어쩌면 이렇게도 사랑하는 어머니의 모습이 그립고 가슴 속에 뜨겁게 솟아오르는지 불효녀不孝女인 이 딸의 볼에는 어머니의 모습을 상기하면서 뜨거운 눈물이 흐르고 있습니다. 다른 사람의 어머니들이 강했다고 글을 쓰다 보니, 나를 낳아서 기르시고, 공부를 가르치시고, 또 온갖 사랑의 정성을 다하여 불효한 이 딸을 살펴 주셨던 자상하신 어머니의 모습이 이렇게도 저의 가슴을 아프게 두드릴 지는 미처 몰랐습니다.

다른 여자들의 이야기를 글로 쓰려고 하니 사랑하는 어머니의 모습이 떠올라서 눈물을 머금고 이 글을 쓰는 뜻이 무엇인지를 생각지 못했습니다.

생각나는 대로 쓴 글을 마무리하려고 하니 북받치는 어머니의 생각을 지울 수가 없어서 천국에서 받아 보실 것이라는 마음으로, 이 불효한 딸의 마음을 담아서 글월로 올립니다.

보고 싶은 사랑하는 어머니,

단 한 번만이라도 좋으니 꿈에라도 찾아 오셔서 이 못난 딸이 아쉬워하던 어머니의 손을 한번 잡아 보게 해 주실 수는 없을까요? 어머니께서 살아 계실 때는 미처 몰랐었는데, 저희 못난 아들딸들을 낳아서 기르시고 가르치시기 위해서 굳어 버렸던 손을 잡아 보고 싶은 마음이 너무도 절절합니다. 굳어 버린 어머니의 손목을 한 번만이라도 부여잡고, "엄마!" 하고 불러보고 싶은 마음이 너무도 절절합니다.

어머니께서는 사업을 한답시고 밖으로만 바쁘게 움직이셨던 아버지를 위해서 숨을 돌려 쉴 시간도 없으셨지요? 거기에다 철없는 저희 5남매의 아들딸들은 어머니의 그러한 뜻도 모르고 어머니께 졸라대기만 했지요. 사랑하는 어머니의 따뜻한 정을 한 아름 안고 살았으면서도 단 한 번도, "엄마 사랑해요."라고 말 한마디를 못했던 것이 그렇게도 후회 스럽고 아쉽기만 합니다.

어머니께서는 들과, 산과, 바다와, 이 하늘 아래 어디든지 자식들을 위하고 남편을 위해서라면 마다하셨던 곳이 없었지요.

이 못난 불효녀도 남편을 섬겨 보고, 자식을 낳아서 길러 보니 어렴풋이나마 어머니께서 하셨던 일들을 조금은 알 것만 같은데, 그래도 어머니가 하셨던 일에는 미치지 못하다는 것을 고백합니다.

"너희들도 자식을 낳아서 길러 보아라."라고 하는 어머니들의 말씀은 누구나 다 하는 것 같으나, 그런데도 어머니께서 하셨던 그 말씀은 두고두고 생각만 나지 아직도 그 참뜻을 다 알지 못하고 있는 이유가 무엇일까요? 그래서 이 못난 딸은 두고두고 평생토록 어머니를 그리워하고 생각하면서 살아야 할 것 같습니다.

이 철 없고 못난 딸이 옷을 입을 때는 그토록 자상하게 살펴 주셨던 어머니의 손길이 그립고, 밖에서 들어올 때는, "이제 오니? 어서오너라."라고 하셨던 어머니의 목소리가 미칠 듯이 그립습니다. 이 못난 딸이 멀리 서울로 유학을 한답시고 어머니의 곁을 떠나 있을 때는 힘이 들까 하여 가사도우미까지 붙여 주셨고, 방학을 하여 집으로 돌아가면 따뜻한 가슴에 힘껏 부둥켜안고 반겨 주셨던 어머니가 그렇게도 그리워서 어머니의 모습을 늘 떠올려 보는데도 어머니께서는 단 한 번도 찾아 주시지 않으셨습니다.

어머니께서는 이 같은 못난 딸의 마음을 몰라주시지는 않으실 것을 알면서 그럴수록 어머니가 보고 싶답니다.

지금도 가끔 어머니께서 건네주셨던 물건들을 하나하나 어루만지면서 어머니의 얼굴을 그리워하지만 날이 갈수록 어머니의 체취體臭가 날아가 버린 것 같아서 아쉽다 못해 원망스럽기도 합니다. 그렇지만 어머니의 모습이 그리워서 자주 꺼내 들고, '이것은 어머니께서 내게 주셨던 것인데'하면서, 어머니의 얼굴을 그려 봅니다.

사랑하는 어머니,

살아갈수록 세상은 거칠고 어렵기만 합니다.

그럴수록 더 어렵게 살아가시면서도 더 많은 사랑을 쏟아 부어 주셨던 어머니의 모습을 그리워합니다.

어머니는 약한 것 같으면서도 너무도 강했습니다. 어머니께서 강하셨기 때문에 사업가의 아내로서 빚더미만 남겨 놓고 앞서 가신 아버지의 뒷바라지를 다하셨고, 우리 다섯 남매를 책임지고 다 가르쳐서 가정을 만들게 해 주셨고, 고루고루 잘 살펴 주셨습니다.

그런데, 어머니의 말년을 생각하면 가슴이 메여 눈물이 앞을 가립니다. 셋방 하나도 바로 갖지 못하여 이집 저집으로 옮겨 다니셨던 어머니, 이 눈치, 저 눈치 살피면서 혀를 깨물고 당신의 아픔을 극복하셨던 어머니,

행여 아들딸들의 마음을 상하게 할까 봐 소리 없이 사셨던 어머니.

생각하면 생각할수록, "어머니 잘못했습니다. 용서해 주십시오."라 는 말밖에 변명할 말이 없습니다. 참으로 부끄럽고 불효한 것을 자복 하고 회개합니다.

더 하고 싶은 말씀들도 가슴에 묻어 두고 살다가, 마지막 이 세상을 떠나시던 순간, 긴 숨을 내뿜으면서, "주여…"라는

말씀을 마지막으로 숨을 거두셨지요.

한恨 많은 이 세상에 미련 하나 남기지 않으시려고 긴 입김으로 불어 버리신 것이지요? 어느 누구 어머니의 깊은 속을 알아주는 자식 하나 없어서 길게 한숨으로 불어 버리셨지요?

보고 싶고 그리운, 사랑하는 어머니.

하고 싶은 말을 다 하려면 온 밤을 새워 가면서 해도 모자랄 것 같습니다.

그렇지만 이 못난 딸은, 글재주는 없어도 여기 이 딸이 쓴 글을 어머니 앞에 바칩니다.

하늘나라에 계신 어머니께 보고 싶고 그립다는 몇 마디의 말을 글로 담아서 삼가 문안을 보내드립니다.

어머니, 사랑합니다.

못난 불효녀 숙이가

글을 마치면서 드리는 말씀

막상 글을 마치려 하니 양심상 자책의 회초리를 맞는 것 같은 아픔과 아쉬움을 느끼며 기대에 미치지 못했다는 것을 고백한다. 그러나 분명하고 정확한 말 한마디는, "여자들은 강했고 강하다"라는 말만은 자신 있게 하고 싶다.

글재주가 부족하고 표현의 방식이 생각에는 미치지 못 했을 지 언 정, 훌륭하고 위대했던 역사 속의 인물들을 낳아서 기르고, 가르치고 세상에 내어 놓았던 이야기들과, 여자의 몸으로서는 감당할 수 없는 일들을 직접적으로 해냈던 훌륭한 여성들의 모습을 볼 때에 참으로 자랑스럽고 강한 여자들이었다는 마음은 변할 수 없다.

또 고백할 것은 처음 글을 쓰기 시작할 때의 마음은 좀 더 많은 인물들을 찾아내서 소개하고 함께 생각 해 보고 싶었다. 그러나 이것 역시 처음의 생각과는 달리 한정 된 제약으로 묶어 버려야 한다는 아쉬운 마음을 금할 수 없다.

그러면서도 꼭 권해드리고 싶은 마음 한 가지는, 지금 이 세상을 살아가는 여자들도, 기왕이면 더 강한 마음으로 미래의 역사를 만들어 내자는 것이다. 자기 스스로가 여자이기 때문에 약자弱者라고 끄집어 내려서도 안 되고, 나는 못한다는 열등의식劣等意識으로 포기를 해서도 안 되고, 스스로가 해 내야 하고, 사랑하는 자녀들이 할 수 있도록 기르고 가르쳐야 하고, 위대한 꿈의 실현을 위해서 부단한 노력과 기도를 해야 한다고 생각된다.

부족한 글재주에 대해서는 불가불 독자들이 보충해 주실 것을 조심스럽게 당부한다. 그리고 이 글을 읽어주신 독자 여러분 위에 하나님의 은총이 충만하시길 기원한다.

이영숙 드림